レコード化90周年

深掘り 八戸小唄

滝尻 善英

題字・滝尻 善英

ウミネコが舞い飛ぶ蕪嶋神社参道入口に建つ「八戸小唄」の記念碑

御神燈

八戸小唄のコマ撮り　正面踊り

※元々は後ろ向きに座り、前奏最後に立って左回りをして正面を向き、踊り始めていたが、最近はお辞儀から始める事が多い。

①前奏
お辞儀

②
7拍子目で立ち、8拍子目でポーズ

③唄

④に夜明けた

⑤かもめ
両手は伏せる

⑥の
左回り

⑦みな

⑧と

⑨ー

⑩ふ
前に出るように

⑪ねは
前に出るように

⑫出
3歩目で揃える

⑬て

⑭ゆ

⑮く
足は前に揃える

⑯みな

⑰みへ
足は前に揃える

⑱き

⑲たへ
足は後ろに揃える

⑳ハァ

㉑ヨーイヤサ

㉒さ
左手は上向き、右手は下向き

㉓めの

㉔岬は
両手で「の」の字を書いてから、左回り

㉕しおけ
右手を上向きにする

㉖む

㉗り

㉘後奏　チリシャン
前に出る

㉙チリシャン
前に出る

㉚チリシャン
3度目は足を揃える

㉛チリシャン
下がる

㉜チリシャン
下がる

㉝チリシャン

㉞チャチャンチャンチャン

㉟チャーン　チャチャン

㊱チャンチャーン
ポーズをしたら、③に
戻る

正面踊りの動画は
こちらのQRコードから

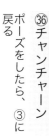

八戸小唄のコマ撮り　流し踊り

①チリ

②シャン　チリシャン　チリ
右足から3歩進む

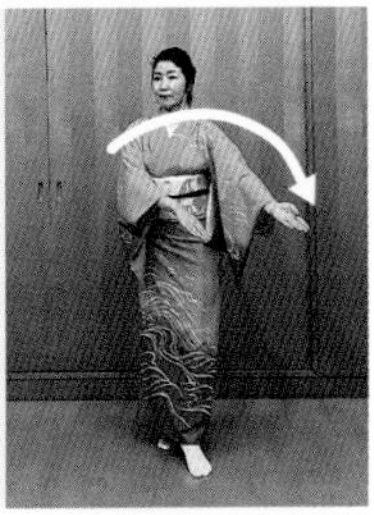
③シャン　チリシャン　チリ
左足から3歩進む

④シャン　チリシャン

⑤チャチャンチャンチャンチャン

⑥チャ

⑦チャン

⑧チャンチャン

⑨唄

⑩に夜明けた

⑪かも

⑫めの

前に進む

⑬ー

3歩目に揃える

⑭み

⑮な

⑯と

⑰ー

⑱ふ

⑱〜⑳で3歩進む

⑲ねは

⑳出

㉑て

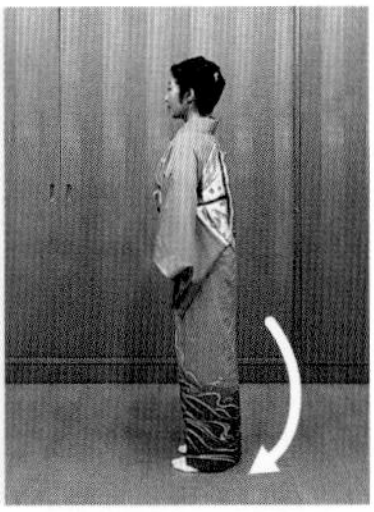

㉒ゆく　みな

⑱〜⑳の逆

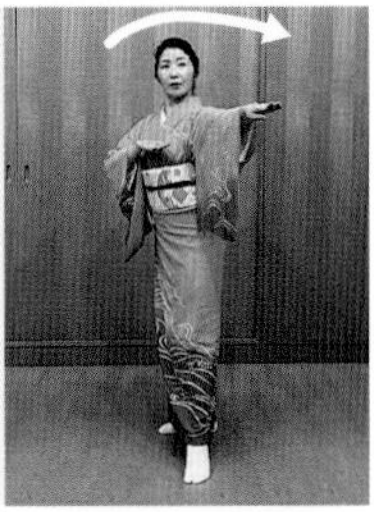

㉓みへ

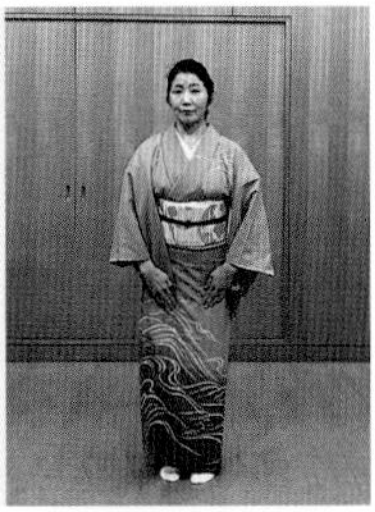

㉔き

両手は上向き

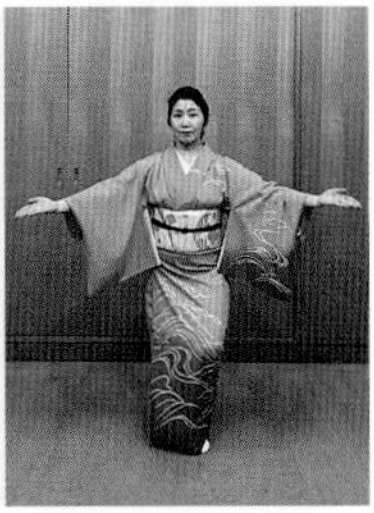

㉕ーた

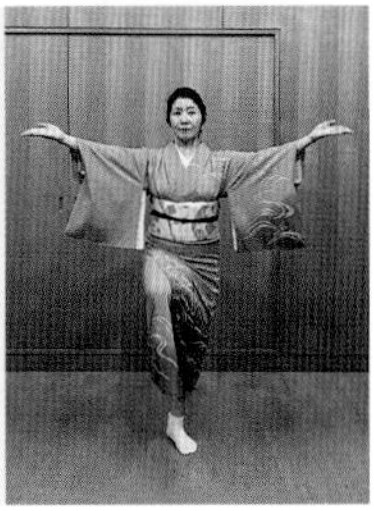

㉖へ

両手を下に向ける

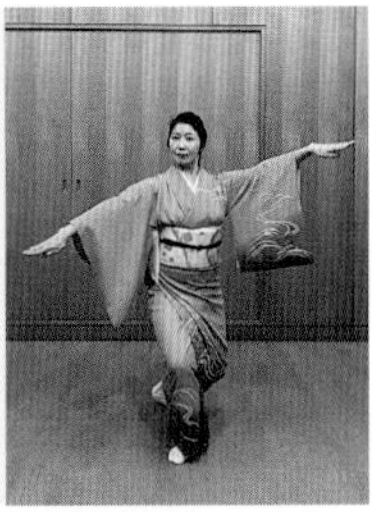

㉗ハァ

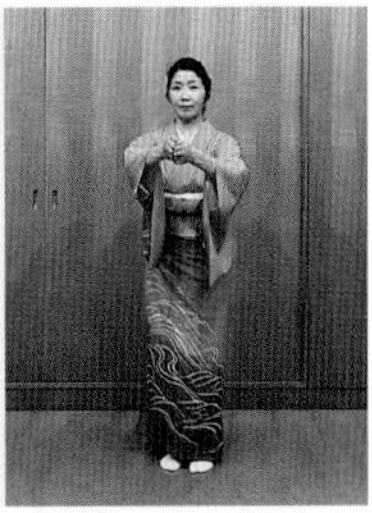

㉘ヨ

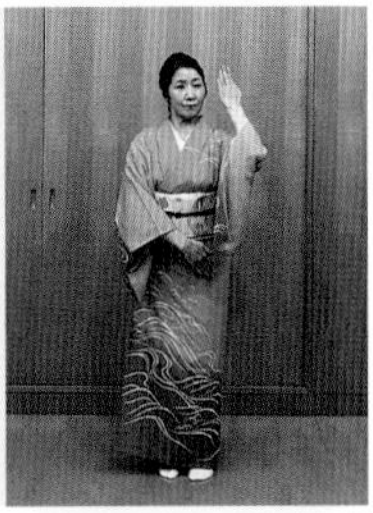

㉙イヤ

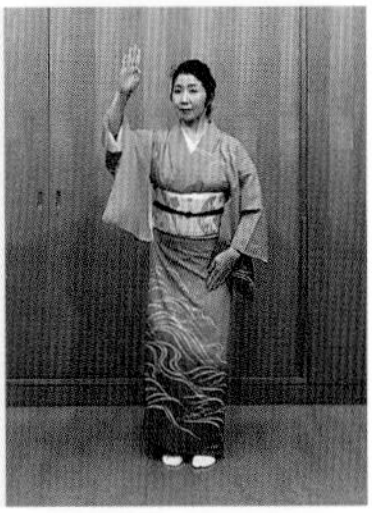

㉚サ

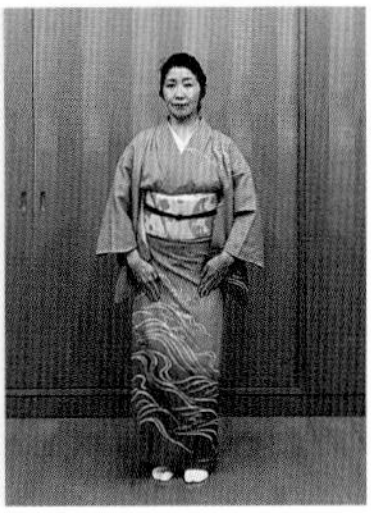

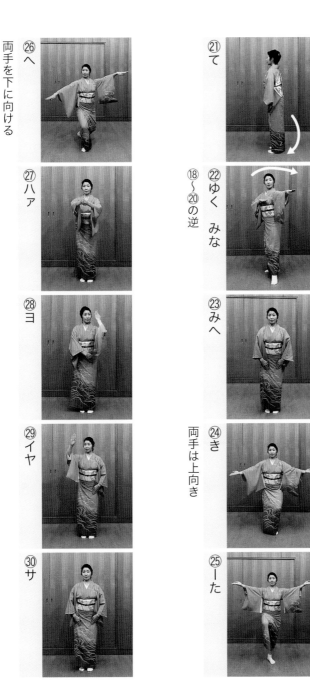

㉛さ

㉜め

㉝の　みさ

右足を上げ3歩進む

㉞き

（3歩目の形）

㉟は

㊱潮けむ

㊲り

ポーズをしたら、①へ戻る

流し踊りの動画は
こちらのQRコードから

▽

監修　日本舞踊泉流師範　泉彩菜

序文

青森県八戸市の観光地蕪島《かぶしま》とウミネコの夕景は八戸八景に詠まれているように昔から絶景といわれてきた。大正11（1922）年3月8日には、「蕪島ウミネコ繁殖地」として国の天然記念物に指定された。これはウミネコ繁殖地として島根県経島《ふみしま》と同時に国内最初の認定となった。ウミネコ繁殖地は全国に10ヶ所ほど存在するが、ほとんどが人を寄せつけない断崖絶壁や離島であり、蕪島は間近で営巣の様子を観察できる国内唯一の場所である。

八戸小唄を語る際、その蕪島とウミネコは重要である。八戸小唄の踊りは、ウミネコが飛んでいる様子や波を表現している。この振り付けはNHK専属の日本舞踊師匠《ししょう》で宮城県塩釜市の三桝《みます》よしが考案した原型を吉木桃《よしきとう》園《えん》が踊ってみせ、それを小中野・鮫両見番《けんばん》の芸妓《げいこ》たちが「その手はもっとこの方がいい、足をもう少し引いた方がいい」と検討しながら制作していった。芸妓たちは皆プロ意識が高く、多くのダメ出しをしながら、ようやく出来上がった。

また、唄についても同様であった。発声と節まわしも長唄《ながうた》調から歌謡調にするために芸妓たちは稽古《けいこ》を重ねた。節の終わりのところで語尾を強める長唄調と違い、静かにフェードアウトさせなければならなかった。芸妓たちは鮫の旅館石田家《や》に何度も集まり、皆が納得するところまで唄と三味線、鉦《かね》・太鼓などの伴奏にあわせて稽古に励んだ。こうして唄も踊りも仕上がり八戸小唄は完成に至った。八戸小唄は八戸女《はちのへおんな》と呼ばれた芸妓たちの汗の結晶と言っても過言ではない。

そして、昭和７（１９３２）年５月１日の八戸市市制施行３周年記念祝賀会において正式に発表された。

今日、八戸小唄流し踊りでは、白地にカモメ柄をあしらったお揃いの浴衣に身を包み、優雅な踊りを繰り広げている。また、新幹線八戸駅では、発車メロディーとしてホームに流れ、八戸に訪れる誰もが耳にしている。

その誰もが知っている八戸小唄も紆余曲折を経て今日に至っている。その思いから八戸小唄レコード化90周年を記念して深掘りしてみた。

令和５（２０２３）年12月　　滝尻　善英

目次

〈本文・敬称略〉

1 はじめに

令和5年は、八戸を代表する新民謡「八戸小唄」が、昭和8（1933）年にニットーレコード（日東蓄音器）よりレコード化され、全国デビューして90周年の節目の年である。このレコード化によって全国版の新民謡、いや「ご当地ソング」として普及し、やがて流し踊りも生まれ愛されている。八戸市民であれば知らない人はいないくらいポピュラーな楽曲である。

また、令和4年12月1日から東北新幹線八戸駅開業の20周年を記念し、新幹線八戸駅の発車メロディーとしてホームに流れることとなった【1】。八戸駅は青森県南・岩手県北地方の玄関口であり、誘客促進と地域活性化につなげるものとして、八戸市ゆかりの楽曲、「八戸小唄」が採用されたのである。

11・12番線の東京方面行きは三味線調、13・14番線の新青森方面行きは、シンセサイザー調に編曲され、いずれも約30秒間、発車のベルとしてメロディーが流れている。特に13・

【1】東北新幹線（盛岡―八戸間）は、令和4（2022）年12月1日に開業から20周年を迎えたことから、同月3日・4日に記念イベントを開催した。記念イベントとしては、青森県のご当地アイドル王林が1日駅長に就任。また、「八戸小唄」踊りの披露、八戸三社大祭や八戸えんぶりの演舞のパレード、鉄道関係グッズや特産品、郷土料理などを販売し大盛況であった。

著作権を得た歌詞

八戸小唄

製作　八戸市長　神田重雄
作詞　法師浜桜白
作曲　後藤桃水

1、唄に夜明けた　かもめの港
船は出てゆく　南へ北へ
ハ・ヨイヤサ（繰返し）
鮫の岬は潮けむり

2、けむる波止場に　船つく頃にゃ
白い翼を　夕日に染めて
島のうみねこ　誰を待つ

3、錨おろせば　小霧のなかに
紅い灯影が　チラチラ見える
行こか　なつかし湊橋

4、嶽の日和に　稲の花ざかり
娘おどれよ　おしまこ踊
城下二万石　菊の郷

5、粉雪さらさら　白山颪
長根リンクをスケートで行けば
踊る姿に　月のかげ

令和5年3月28日、VISITはちのへは東北新幹線八戸駅改札口付近に「八戸小唄」歌詞パネルを設置した

東北新幹線八戸開業20周年を記念し、発車メロディーが「八戸小唄」に。記念セレモニーではホームに八戸小唄が響き、関係者が新幹線を見送った＝令和4年12月1日、八戸駅

14番線では、蕪島の風景を思わせるウミネコの鳴き声までもおまけ付きで、八戸を訪れる観光客やビジネス客、帰省客を出迎えてくれる。そして全国駅弁コンクール第1位に輝いたこともあるサバとベニザケの押し寿司「八戸小唄寿司」も大人気である。

ところで、私は大学時代、体育会系のレスリング部に所属していた。大学は中央大学。先輩には当時レスリングアニメ番組『アニマル1《ワン》』【2】の主人公のモデルとなった東京五輪金メダリスト渡辺長武《おさむ》や全日本プロレスに就職した鶴田友美先輩(リングネーム・ジャンボ鶴田)【3】を輩出した大学リーグ1部の強豪校であった。

それだけに先輩後輩の上下関係は厳しく、先輩の命令は絶対であった。当時、八戸はレスリング王国といわれるくらいレスリングが盛んで、毎年、八戸から入部していたことから、入学の歓迎コンパでは、八戸出身者は必ずと言っていいほど、先輩たちの前で「八戸小唄」を歌うことが決まりであった。歴代の八戸出身者はしっかりと「八戸小唄」を歌えたのであ

【2】『巨人の星』『いなかっぺ大将』の漫画家・川崎のぼるの原作による、少年サンデー連載の青春レスリングアニメ。小柄な主人公東一郎が、レスリング部に入部し、多くのライバルたちと闘いながら、レスリングを通じて天賦の才能を開花させながらメキシコ五輪を目指す物語。昭和43(1968)年のメキシコ五輪が背景。アニメ製作は虫プロ商事が担当した。

【3】昭和47年全日本プロレスに入門しジャイアント馬場

る。

東京でも「八戸小唄」が知れ渡っていたのは、私にとっても誇らしかったが、鶴田先輩たちからは「鶴さん、亀さんを歌え!!と囃《はや》し立てられたものだった。彼は自分のテーマソングとして「鶴さん、鶴さん」と勝手に替え歌を歌っていた。今から考えれば「鶴さん、亀さん」ではなくて「八戸小唄」であり、それも「鶴さん、亀さん」は正調八戸小唄ではなかったという恥ずかしいエピソードがある。そのため、いつかこのルーツを調べたいと思っていた。

さらに、大学を卒業したての頃。親戚の中で最も「モノ知り」と呼ばれた「鮫のミッちゃん」こと石田實を幾度か訪ねたことがある。その際、「八戸小唄の作詞者は法師浜さんじゃねぇんだよ」と教えてくれたことがあった。「八戸小唄」に関するパンフレットには全て「作詞・法師浜桜白」と明記されているにもかかわらず、鮫地区に鎮座する蕪嶋神社参道入口の八戸小唄記念碑には確かに「法師浜桜白書」としか書かれておらず、「作詞」とは刻まれていない…。石田實とは、

らと黄金時代を築いた。のち筑波大大学院でコーチ学を学び、平成11年ポートランド大客員教授。平成12年5月13日マニラで肝臓移植中に死去。享年49歳。

明治44～45年に撮影された石田家（八戸市立図書館蔵）

鮫の老舗旅館石田家の主人で、民俗学、言語学、歴史、芸能、文学、自然科学と多岐にわたって精通する知識人で、若くして中央で高く評価された詩人・村次郎（1916〜97年）だったと知ったのは、さらに後のことであった。

この2つの理由から「八戸小唄」の源流を深掘りすることになった。

大須賀を愛し、文化人に多大な影響を与えた詩人・村次郎の青年期の写真。八戸小唄をプロデュースした石田正太郎の長男（青森県近代文学館提供）

2 八戸PR曲「八戸小唄」の歌詞内容

八戸は青森県東部の太平洋に面する東北屈指の港町。海から「やませ」と呼ばれる寒風が吹きつけ、かつては幾度となく飢饉《ききん》に襲われてきた不毛の地【1】でもある。そんな八戸で生きる人々が、活路を見いだしたのが海だった。そのため「八戸小唄」には海の情景がふんだんに盛り込まれている。また、旧八戸藩の歴史や港町八戸の風土、そして氷都八戸の観光資源を詠み込み、盆踊りの定番曲として親しまれるほど、90年にわたって伝承されてきた。

八戸小唄が世に出た前後に、芸妓たちが「八戸銘酒小唄」「八戸酒しぐれ」などお座敷の小唄や東奥日報懸賞当選歌「新八戸小唄」「八戸行進曲」の2曲、「八戸八景」（作詞・北村古心）、「八戸四季」（作詞・北村小松）などの御当地ソングを次々と売り出したが、八戸小唄を越えることはできなかった。それは八戸小唄が、①全国区を見据えて作詞、②方言がない、③とても覚えやすい歌詞、④歌いやすい、⑤美しい旋《せん》

新井田対泉院の「餓死萬霊等供養塔」

【1】八戸において江戸時代、元禄・宝暦・天明・天保の四大飢饉は悲惨なもので、特に天明の大飢饉は酷かった。八戸市新井田対泉院には天明3（1783）・4年の大凶作の惨状を記した餓死者供養塔が建ち、裏面には当時の天候異変、作柄、庶民の食生活、疫病での餓死者数、社会不安の状況や、後世のための教訓なども記されている。しかし、人間が人肉を食べたという8文字だけは、後世に残してはいけないと、地元の農民が

律《りつ》、⑥粋《いき》で優雅、⑦格調を兼ね備えている、⑧リズミカルで健康的などの特徴があげられ、市井《しせい》の人々に親しまれたからである。

現在、例年7月には、「八戸七夕まつり」「湊橋八戸小唄まつり」「さめ浜まつり」が開催され、大勢の市民の前で「八戸小唄」の舞を披【2】露する。7〜8月の「八戸三社大祭」では行列を締めくくる「華屋台《はなやたい》」で日本舞踊家の舞として共演されている。

歌詞の解釈と全文は次のとおり。ただし「八戸小唄」の歌詞はさまざま出回っており、次の歌詞は著作権を得る際に提出した歌詞のため、漢字かな使い、余白等、改行など全てこの通りで【3】なくてはならない。

第1節の歌詞で特徴的なのが「夜明けたかもめの港」「岬は潮けむり」である。

1　唄に夜明けた　かもめの港
　船は出てゆく　南へ北へ

削ったという伝承がある。となりの戒壇石と共に県史跡指定。（拙著『南部の碑は語る』（デーリー東北新聞社）平成3年11月発行）

【2】八戸小唄は近年、ビッグバンドがジャズアレンジで演奏したり、吹奏楽行進曲「マーチうみねこ」でメロディーが採用されたりしているほか、民謡ユニット「ネオバラッド」がテクノ音楽調にアレンジして発売するなど、ジャンルを超えて受け継がれている。

【3】八戸小唄利用方法については、著作権があるため、八戸市観光文化スポーツ部文化創造推進課が担当している。電話0178（43）9156へ。

八・ヨイヤサ（繰り返し）
鮫の岬は潮けむり

《昨晩は唄を唄って、夜を明かした。ここ八戸は鴎が群れ飛ぶ港である》
《今日も船は次々と南の海、北の海へ漁に出て行く》
《潮けむりとは、岩礁に波が砕けて飛び散るしぶきが煙のように感ずること。鮫の岬では、この潮けむりが上がっている》

第2節では蕪島の風景[4]を詠んでおり、特に「港に帰ってくる船と、夕日に染めた白い翼のウミネコの風情」が特徴的。明治23（1890）年に青霞堂《せいかどう》出版が発行した八戸の名所旧跡ガイドブックの『向鶴《むかいづる》』では「八戸八景」[5]を紹介しており、その雄大な景色を「蕪島の帰帆」として詠んでいる。

「島のうみねこ」とは蕪島の頂きに鎮座する蕪嶋神社のウミネコのこと。令和4年、国天然記念物指定100周年を迎

【4】現在、蕪島は陸続きになっているが、昭和17～18年に旧日本海軍により埋め立て工事が行われるまでは孤島であった。面積約1・8ヘクタールあまりの島に、約3万羽のウミネコが営巣のため春早くから来るので、ウミネコは春の訪れを告げる鳥として親しまれている。特に6月は見ごろ。8月の中頃には子育てを終えて蕪島から旅立つ。

【5】室町時代に設定された近江八景が手本となり、日本中に八景が作られた。特に江戸後期、日本全国にご当地八景が作られた。明治23年の青霞堂出版『向鶴』には「八太郎崎の夜の雨、上の山の秋月、大橋の夕照、階上岳（はしかみだけ）の暮雪、蕪島の帰帆、正栄山の晩鐘、小田の落雁、沼館の晴嵐」として八戸八景を詠んでいる。

えた。蕪嶋神社では弁財天を祀《まつ》り、ウミネコは魚の居場所を教え、大漁を招くことから、島の上に鎮座する蕪嶋神社の使者として厚く信仰されてきた。

2　けむる波止場に　船つく頃にゃ
　白い翼を　夕日に染めて
　島のうみねこ　誰を待つ

《夕方になり霧にけむる波止場では、漁に出た船が次々と港に帰ってくる》

《白い翼を夕日に染めてウミネコが飛び交っている》

《帰帆する漁師達には家族が待っているが、蕪島のウミネコたちは、いったい誰を待っているのだろうか》

※現在、ウミネコはカタカナ表記で統一されている

第3節では小中野地区の遊郭街と湊地区周辺の様子を詠んでいる。湊橋とは、新井田川河口付近の小中野と湊地区に架かる橋。現在、橋の欄干付近には「はちのへ小唄のみなとば

「八戸小唄」誕生の頃の蕪嶋神社の参道（八戸市立図書館蔵）

「八戸小唄」誕生の頃の蕪島。第2節では蕪島の風景を詠んでいる（八戸市立図書館蔵）

「八戸小唄」で詠まれたウミネコが舞い飛ぶ蕪島の情景＝令和5年3月23日撮影

湊橋の欄干付近には「はちのへ小唄のみなとばし」と書かれたプレートが設営されている

し」と書かれたプレートが設置されている。小中野の遊郭が船乗り衆の心【6】をかきたてた。

日が暮れ、提灯《ちょうちん》に明りが灯り、三味線の音が聞こえる風景が、目に浮かぶようだ。原文は、「行けやなつかし　湊橋」になっており、最終的に「行こか」と決定した。

さらに明治23年の『向鶴』では小中野地区の賑わいについて次のように記している。

「人口繁《しげか》く　本通りは鮫湊道に当れり。其の他、浦町《うらまち》、南《みなみ》横町《よこちょう》、北横町《きたよこちょう》、左比代《さびしろ》等、皆裏手《うらて》なり。即ち本通り、浦町は貸座敷《かしざしき》免許の地にして、其の他、住民の営業は漁業を営めり…。貸座敷業者数三〇内外となれば昼夜の区別なく繁華なる土地なり。即《すなわ》ち夜は両側に瓦斯《ガス》を照らして不夜城の如《ごと》く、所々《ところどころ》の二階には絲竹《しちく》歌舞の宴を張り、或いは爪弾《つまび》きの微音《びおん》と太鼓の音に満街《まんがい》賑わいわたり…。（ルビ＝筆者）」

※絲竹＝三味線など和楽器の総称

※爪弾きの微音＝三味線などの弦楽器をつまびく微《かす》かな音

平成27年11月の蕪嶋神社火災前の旧社殿

【6】法師浜桜白著『唄に夜明けたかもめの港・報道40年の記録』（デーリー東北新聞社）昭和47年11月1日発行。「小中野の遊郭と鮫の紅い灯影が船乗りたちの心をかきたてたものである。日が暮れると一度、湊橋を渡らなければ

昭和初期の湊地区川口の船だまり風景。当時の船は
帆掛け船が中心で賑わっていた(八戸市立図書館蔵)

現在の湊地区川口の船（定点撮影）

3
錨《いかり》おろせば　小《さ》霧のなかに
紅い灯影《ほかげ》が　チラチラ見える
行《ゆ》こか　なつかし湊橋

《夜になり船が錨をおろし、霧の中で漁をしていると》
《赤い灯影とは、ともしびや電灯の光のこと。遠くに湊地区界隈《かいわい》のチラチラした灯りが見える》
《あの灯影が見えるあたりが、小中野遊郭街のある湊橋だ。なつかしい。また行ってみたいものだ》

第4節では、八戸のランドマークの階上岳を冒頭に詠んでいる。「豊作・おしまこ踊り・八戸菊[7]」と八戸の名所名物をふんだんに盛り込んでいる。ただし、八戸市民の鳥「ウミネコ」と市民の花「菊」は詠み込んでいるが、市民の木「イチイ」は詠まれていない。

個人的には「イチイ」や神田市長の観光構想のひとつ「種差海岸」も詠み込んで欲しかったが欲を言えばきりが無い。

眠れないといわれた。湊橋は若衆にとってはなつかしい橋であった」と記している。

【7】八戸地方のおしまこ踊りは白銀と八太郎地区に伝わる豊年満作を祈る盆踊りで、老若男女みな踊ったものだった。また、八戸の菊は奥州菊という鑑賞菊や食用菊の阿房宮があり、まさに八戸は菊の郷である。

■明治・大正・昭和初期の小中野地区は東北屈指の歓楽街だった

小中野界隈地図（昭和６年『大日本職業別明細図』参照）

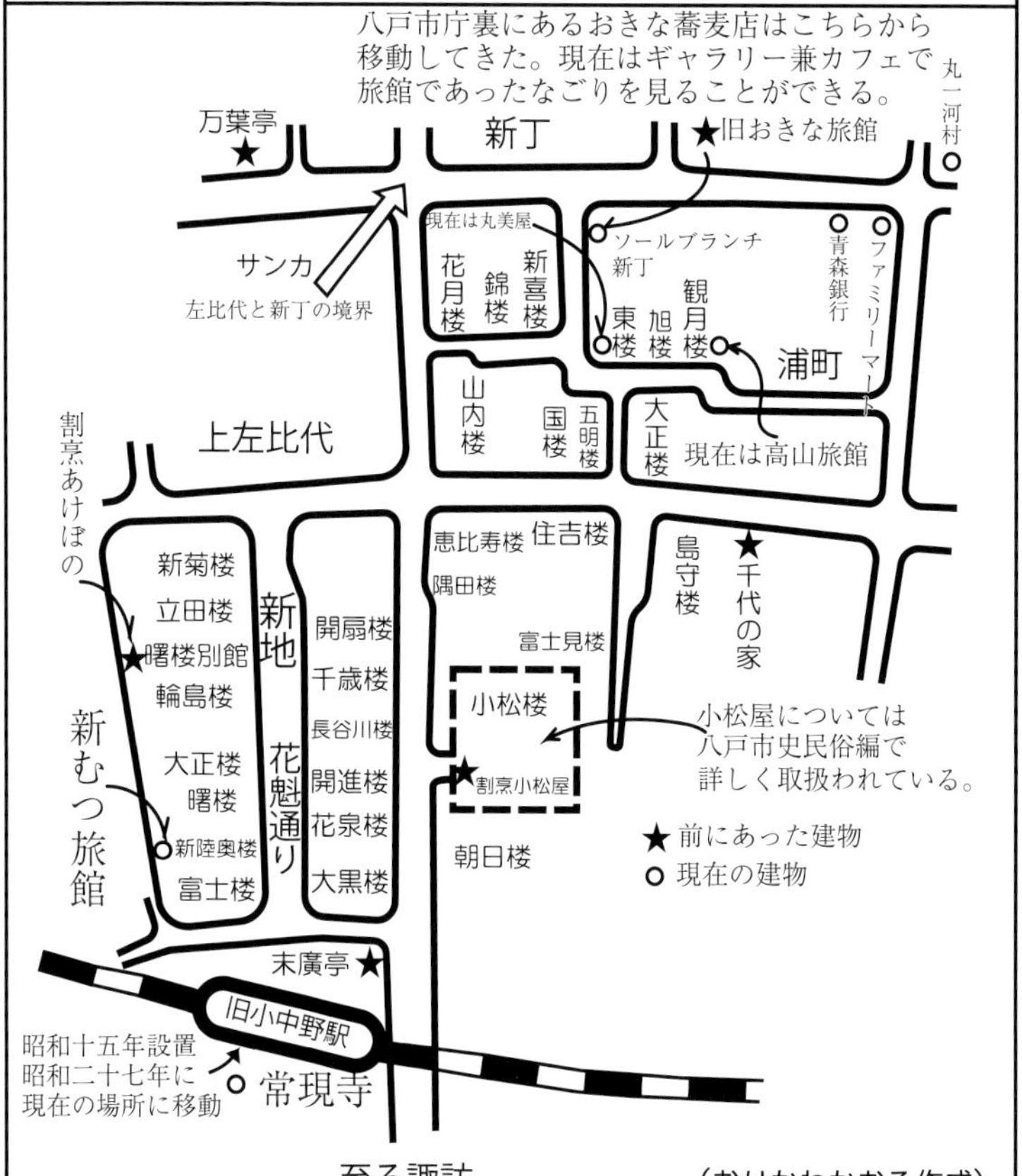

（おりかわかおる作成）

　昭和32年に売春防止法が施行され公娼制度が廃止となり、郭の灯は消えた。

　貸座敷業は料亭、旅館と姿を変えて営業した。料亭に来るのは、地理的なこともあり、船主が一番多かった。昭和55〜60年位までは盛んにイカが港にあがった。その他に、市議会議員などの政治関係等、いろいろな方々であった。

　現在のようにまだ八戸市長横町が繁華街となる前の昭和初期、八戸のダンナ衆は粋な服装をして新地方面（小中野地区）に人力車で乗りつけた。「小中野のサンカまで」と言うと、小中野の華やかなところへ連れてきてくれたといわれている。やがて長横町には映画館ができ、人が集まり徐々に現在の繁華街へと発展していった。

『八戸地域史』60号・おりかわかおる稿（八戸歴史研究会・令和5年9月30日発行）

「八戸の殿様が二万石ではかわいそうだから、せめて、歌詞だけでも十万石【8】にできないものか」と懇願する人もいたという。

4　嶽の日和に　稲の花ざかり
娘おどれよ　おしまこ踊
城下二万石　菊の郷《さと》

《八戸南方に聳《そび》える階上岳がよく見えるほど晴れわたるよい天気。稲穂が出始め花ざかりを迎えている》
《めんこい娘たちよ踊れ　おしまこ踊りを》
《八戸藩は2万石の城下町。八戸市民の花である菊の郷だ》

神田市長は第4節までの原案に敢えて第5節として長根リンクを作詞させた。作詞されたころの長根は、現在のグラウンドも体育館付近もみな堤であった。ここ一帯は藩政時代に

【8】松木宏泰著『みちのく民謡ばなし』（東奥日報社）昭和52（1977）年8月3日発行

八戸は菊の里。はちのへ菊まつりでは、奥州菊などが来場者を楽しませる＝令和2年11月6日撮影

ため池として整備されていた場所である。

　春はその土手に桜が咲き誇り、その下でボートを浮かべてのデートスポットであった。冬は天然氷でスケート場になった。長根リンクは、もともと白山を水源とする灌漑用水のため池【9】であった。白山の水源には白山神社が鎮座し、清らかに流れるこの水は「白山さまの涙」と呼ばれていた。

　そのため、この美しい澄み切った水がそのまま凍って、純度の高い良質の天然氷を採取する場所にもなった。リンクになる前は、氷質が良い銀盤となり明治中期頃から県内外より多くのスケーターが集まっていた。昭和44（1969）年にパイピングリンクとして完成。これまで、数多くの全国大会などが行われた。

　ただし第5節は当初、レコードには収録されていなかった。それは収録の時間内に納めきれなかった【10】からである。現在は、第5節まできちんと収録されている。

5　粉《こ》雪さらさら　白山颪《おろし》

【9】八戸市史編纂委員会編集『新編八戸市史・近現代資料編Ⅲ』（八戸市）平成21（2009）年3月発行

長根の堤ではボートを浮かべて遊んだ。冬には天然のリンクとなる。うしろは八戸タワー（八戸市博物館蔵）

長根リンクをスケートで行けば
　踊る姿に　月のかげ

《こ雪とは水分が少ない、さらさらとした粉状の雪のこと。白山おろしとは白山台の高陵地から吹き下ろしてくる冷たい風のこと》
《氷都八戸のメッカ、長根リンクでスケートを滑っていれば》
《喜びや期待などでわくわくしている姿が月光に照らされて映っている。ここで詠む「踊る」とは舞踏ではなく心躍ることである》

【10】日本舞踊泉流師範の泉彩菜談によると当時のレコードには納めきれなかったのではないかとのことである。確かに当時はＳＰ盤である。レコードにはＳＰ・ＥＰ・ＬＰ盤があり、その違いは回転数と録音時間である。レコードが一般的になり始めた明治後半から戦前までＳＰ盤レコードが中心であった。それが戦後、アメリカでＬＰ盤レコードが開発されるとＥＰ盤とＬＰ盤が主流になる。１分間に78回転のＳＰ盤は10インチと12インチがあり、収録時間はそれぞれ３分と５分。45回転のＥＰ盤は７インチで収録時間は５分～８分。そして33回転のＬＰ盤は12インチで収録時間25分であった。したがって、ＳＰ盤レコード時代の八戸小唄は第５節を収録時間できなかったのである。

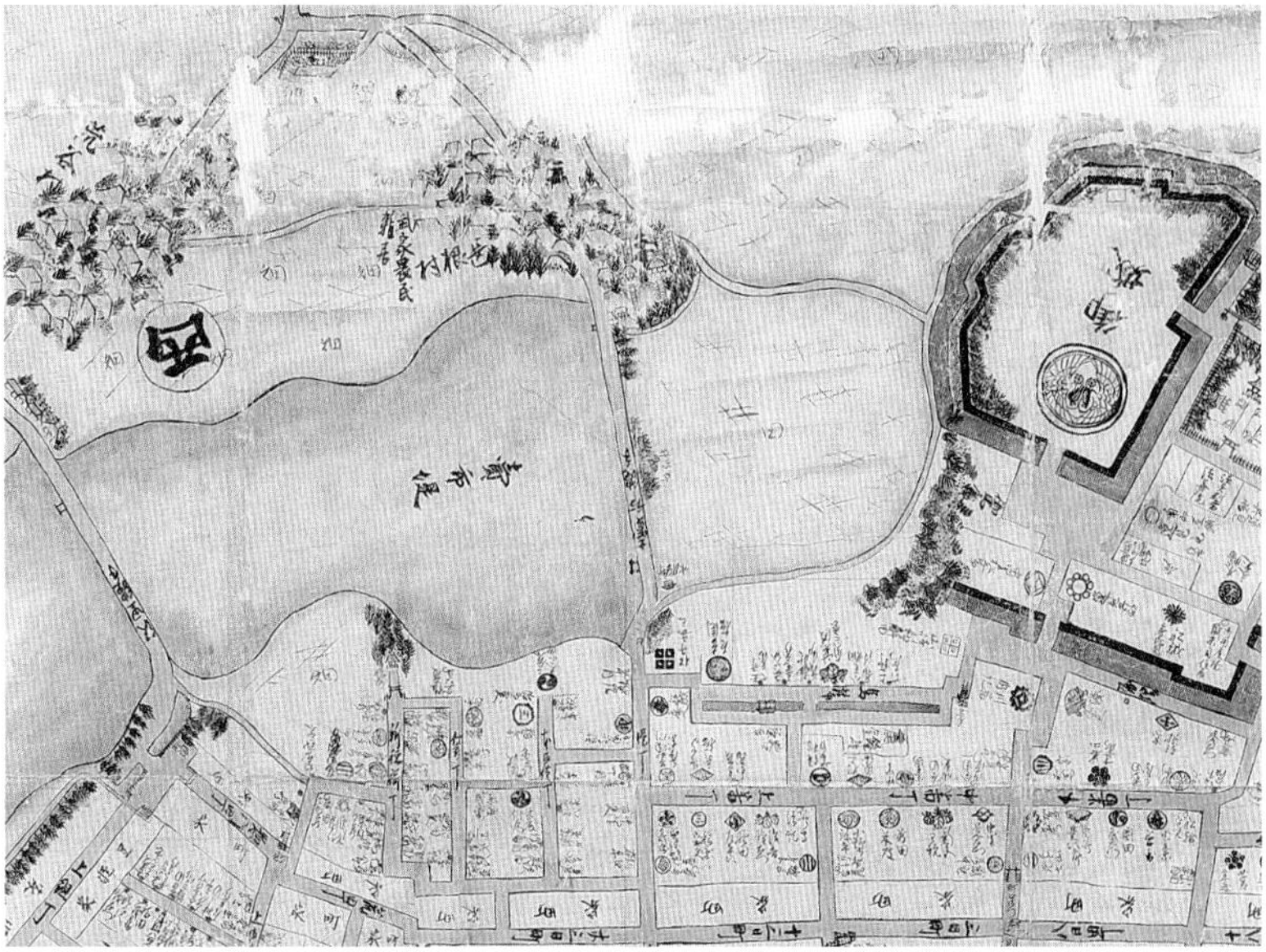

『文久改正八戸御城下略図』の売市堤＝江戸時代は灌漑用のため池であった（八戸市立図書館蔵）

青霞堂写真館の八戸名所絵葉書には、長根スケートリンクの風景に八戸小唄第５節が記されている（八戸市立図書館蔵）

3 「八戸小唄」作詞誕生のエピソード

八戸市は、昭和4（1929）年5月1日に八戸町・小中野町・湊町・鮫村を合併して誕生したばかりの新興都市。こうした中、八戸市を全国に宣伝し【1】、前年に勃発した昭和恐慌後のダメージを回復する狙いで誕生したのが八戸小唄だった。

昭和6（1931）年2月3日、神田重雄《しげお》市長の呼びかけで、鮫の旅館石田家において「八戸市発展のためには今なにをなすべきか」を主題とした『八戸を語る』の座談会【2】が開かれた。この頃、神田市長は定期的に市政記者クラブ会員たちと正式インタビューを行っており、その日になると各社の登録会員が定刻に集まっていた。

この日は東日（東京日々新聞）社が幹事として開催し、その日の出席者は、神田市長をはじめ八戸市の政財界の大物が加わるというにぎやかなものであった。芸妓《げいこ》は三平《さんぺい》、才三《さいぞう》、市政記者クラブは東日をはじめ東奥日報、はちのへ新聞、奥《おう》

【1】大正15年、旧制八中（現八戸高校）が甲子園に初出場した際、地元は大いに沸いたが、関西の人たちは八戸を「はちのへ」と読めず「ハッコ」と呼んで、当時の八戸市民は八戸をもっとPRする必要性を感じた。

【2】峯正太郎稿『朔』105号「八戸小唄」（朔社）昭和62（1987）年6月10日発行、および、法師浜桜白著『唄に夜明けたかもめの港 報道40年の記録』（デーリー東北新聞社）昭和47（1972）年11月1日発行

法師浜桜白

俳人、本名・直吉。明治33（1900）年八戸市生まれ。はち

「八戸小唄」誕生の頃の旅館石田家の写真（八戸市立図書館蔵）

歌詞は神田市長と市政記者クラブの合作で発表されたが、芸妓たちの活躍も見逃せない（前列左から2番目が神田市長）＝石田勝三郎氏所有の石田家資料

八戸市の館鼻公園の神田重雄像。右横には八戸を眺望できる「グレットタワーみなと」がそびえる

南《なん》新報、八戸毎日新聞、時事新聞、東京朝日新聞、河北新報、そして法師浜直吉（桜白）東日八戸通信部主任。[3] さらに石田家主人の石田正太郎が様子を見守った。

法師浜桜白著『唄に夜明けたかもめの港　報道40年の記録』によると、「八戸小唄」制作のきっかけとなったのは菊地武雄東日青森通信部主任の「八戸の名物というのは、どんなのがありますか」という一言からだったという。これに対し、八戸市会議員の近藤元二は「八戸は名物だらけです。行事ではえんぶり、打毬、三社祭り…」と述べたが、それにつづけて、神田市長は「有名な名物はここにおりますヨ」と言って芸妓の三平と才三を指さした。この神田市長が芸妓衆に話を振ったことで、脇役にいた芸妓たちが口を開き主役となった。

当時、八戸の芸妓衆は、教養が高く、政財界のお座敷に呼ばれ、人と人との関わりの間を上手に取り持つプロフェッショナルな仕事を担っていたのである。そのため空気をよく読み取れる「才智」を発揮しており、彼女らは日頃から感じていた思いの丈《たけ》を述べた。

のへ新聞社を経て東京日日新聞社に入社、八戸通信部を振り出しに各地を歴任。後年は岩手放送八戸支社長、デーリー東北新聞社顧問も務めた。作詞者としても著名。各転任地で新聞俳壇の選者を務め多くの俳人を育成した。昭和37年、八戸市文化協会会長に、同42年には星霜庵14世を継ぎ、八戸俳諧倶楽部会長となった。同40（1965）年に青森県文化賞、同46（1971）年に東奥賞を受賞。同54（1979）年没。〈『続きたおうう人物伝・近現代の歩み』（デーリー東北新聞社）令和3（2021）年3月31日発行より〉

【3】この日の出席者は次のとおりであった。神田重雄八戸市長、遠山景雄市会議長、石橋要吉市議会議員、熊沢楠吉水産試験場長代理、目崎恒男磐城セメント会社湊工業所長、今井梅吉五十九銀行八戸支店長、元芸妓三平（石橋とら）、芸妓才三（橋本こと）、

三平は「八戸の名物は、せんべい、そして次に女ですヨ」と言うと、才三は「八戸女《はちのへおんな》とよくいわれますが、一体どこがいいのでしょうネ」と言った。このことで座談会のボルテージが高まってきた。

　この八戸美人たちの話に触発されて、菊地が「八戸で代表的な、なにか八戸節とでもいうような芸妓衆の唄がありますか?」と話題を投げかけた。すると、才三は「あります。白銀ころばし、おしまこ…などは盆踊りの唄で、だいぶ有名です。ただ先年、田辺という音楽研究家が民謡研究に来られた時、これは八戸在来の唄ではなく、新潟から来た漁師たちが、こっちへ持って来たのだろうと言われましたよ。八戸を宣伝し、市になったことを記念して、誰か名のある方の作詞作曲で、ピリッと頭にしみこむような八戸の唄がほしいものです。それは私どもも計画だけはしておりますが、私どもの手ではどうにもなりませんから、市長さん方のお声がかりで、やっていただくようにお願いいたします。」と言った。

　要するに「八戸小唄」誕生の口火を切ったのは芸妓の才三

石田家主人の石田正太郎で、菊地武雄東京日日新聞社青森通信部主任、近藤元二東京日日新聞社八戸専売所長兼市議会議員。

　そして市政記者クラブ会員からは、角田四郎八戸毎日新聞、工藤四雀八戸毎日新聞、下野末太郎時事新聞、佐々木要市はちのへ新聞、三浦利亢奥南新報、峯正太郎東奥日報、伊東周吉東京朝日新聞、工藤有厚河北新報、法師浜直吉（桜白）東京日日新聞社八戸通信部主任らで、この日は記者ばかりではなく八戸市の政財界の大物が加わるという賑やかなものであった。

であった。彼女は参加していた政財界・ジャーナリストの男連中の思考を方向づけたのであった。

　八戸の宣伝になる唄を作ろうという「八戸を語る」座談会の全会一致の方向で【4】いろいろと意見を出し合った結果、2週間後の例会日に作詞を各自持ち寄るという市政記者クラブへの「競作依頼【5】」となった。ところが、残念なことに、2週間後の例会で集まった作詞は、たった4編【6】にすぎなかった。

　神田市長もこの4編の審査に当たったが、これぞといったものが無く、市長も苦笑しながら、思いつきのアイデアを出したという。この様子を神田市長は、きちょうめんに日記に書いており、「一節はともかく、二節三節には感服出来ぬ所があるが、今はやむを得ぬ衆議にまかした」（昭和6（1931）年10月16日付）と記しており、多くの改善部分があった。

　その『神田重雄日記』に記載された原案の歌詞は次のとおり。

「1　唄に夜明けた　かもめの港

【4】松木宏泰著『みちのく民謡ばなし』（東奥日報社）昭和52（1977）年8月3日発行

【5】清水末喜著『八戸外史　石田家物語　対泉院秘話』（株式会社テクノス）昭和56（1981）年4月25日発行

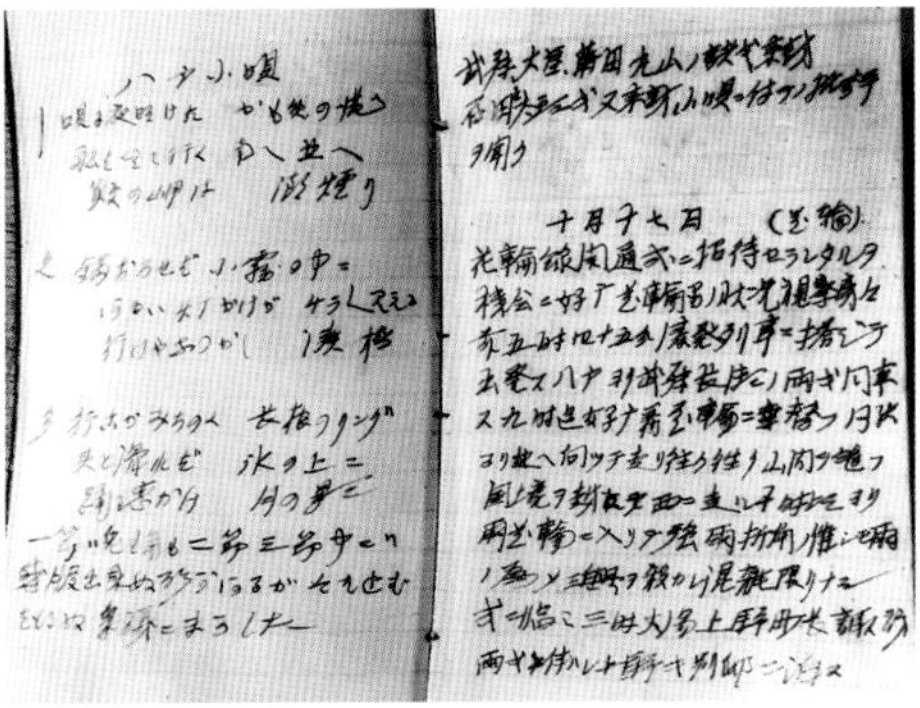

神田重雄日記（石田勝三郎氏所有の石田家資料）

船は出て行く　南へ北へ
　鮫の岬は　潮煙り
（現在の1節と同じ。現在、「・」はひらがな。）

2　錨おろせば　小霧の中に（現在、「・」はひらがな。）
　あかい灯かけが　チラチラ見える
　（現在、「紅い灯影が」になっている。）
　行けやなつかし　湊橋
（現在の3節とほぼ同じ。現在、「行こか」になっている。）

3　行こかみちのく　長根のリンク
　爽と滑れば　氷の上に
　踊る恋かけ　月の影
（現在の5節の原版と思われる。）」

また続けて日記には「石田正太郎氏来訪、小唄についての批評を聞く」とつづられている。これが八戸小唄の原形と思われる。節の入れ替え、漢字をひらがなへ、カタカナをひらがなに変えるなど、その後、相当苦心した形跡がうかがえる。

それはプロデューサーともいえる石田正太郎の注文が難し

【6】大下由宮子著『私の八戸物語』（伊吉書院）昭和62（1987）年10月1日発行

紅い灯影がチラチラ見える小中野地区左比代の万葉亭。小中野見番として芸妓がたくさん居た（八戸市立図書館蔵）

かったからだろう。正太郎は、すぐに廃れる流行歌を嫌った。肩肘張らずにやさしく、しかも追分か舟歌調の気品ある普遍性の高いものを望んだからである。

さらに、当初、歌詞は第4節まであったが、稽古中に芸妓たちから「四は数がよくない[7]ので、五にしてください」と言われ、そのころ盛んだったスケートも加えて欲しいという希望もあり、石田家の帳場で第5節を書いて追加[8]した。

昭和46（1971）年7月22日付「東奥日報」に法師浜桜白がインタビューされた記事が掲載されており次のようにコメントしている。「この唄が浸透してまもなく『なぜスケートを抜いたのか！』と苦情が来るようになり、それで5節目に長根リンクの情景を書き加えた。」と。

また、唄の最後の締めくくりの「月の影」は、当初、「恋の影」であった。ところが神田市長から、この「恋」という字はそぐわないとダメ出しがあり、「月の影」に変えたという。

これら4編の作品を法師浜桜白を中心にみんなで検討し、それより約一ヶ月後に合作して今の作詞ができあがった。い

【7】海に出る漁民は「板子一枚、下は地獄」と言われるように、禁忌に左右されやすい。（拙著『南部の碑は語る』「船霊の碑」（デーリー東北新聞社）平成3年11月発行）。従って「四」は「死を連想させて縁起が悪い」という提案であった。

【8】昭和36（1961）年1月1日付「デーリー東北」元旦特集「本当の作詞者　法師浜氏から聞く」

鮫・石田家界隈地図

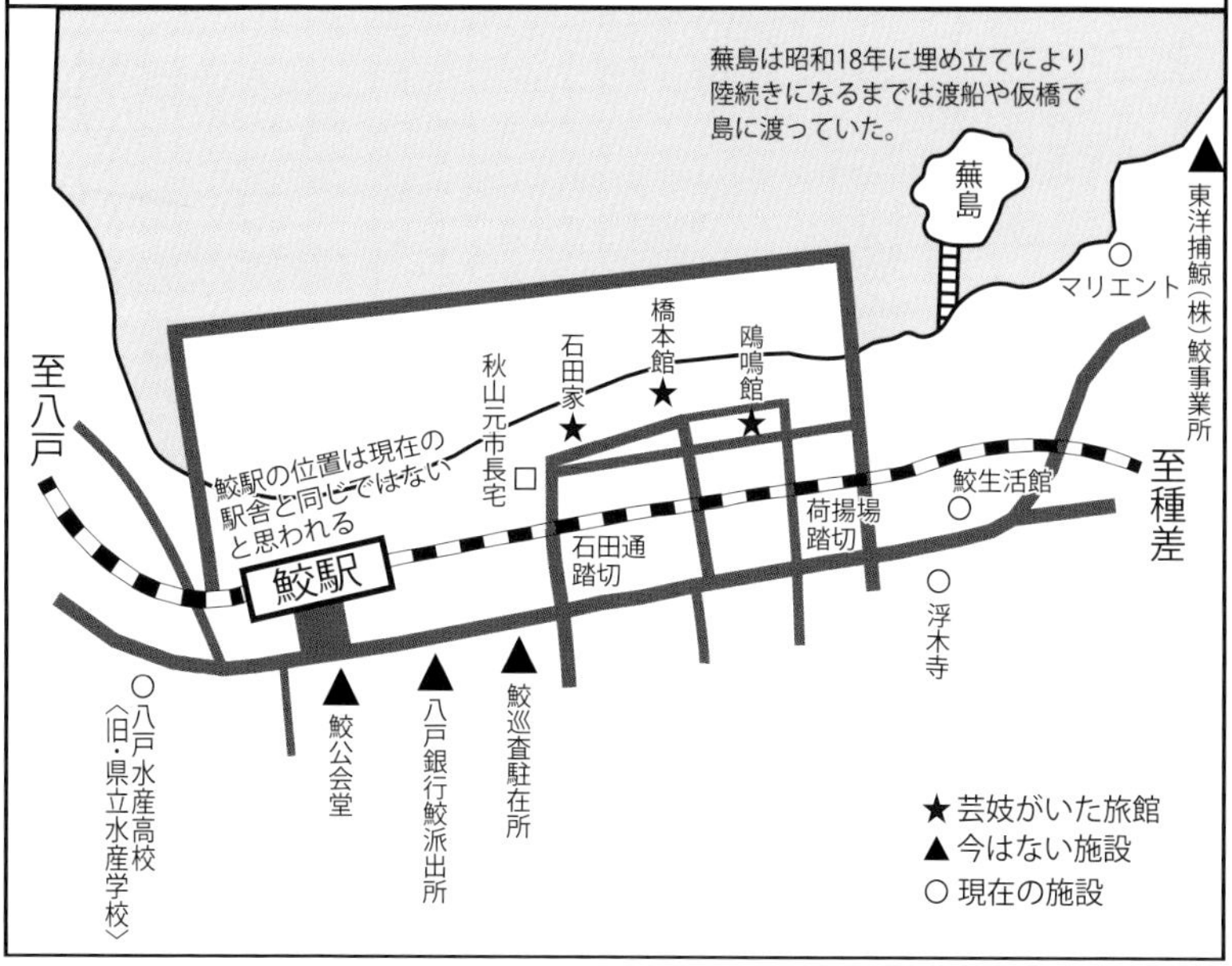

※大正14年『大日本職業別明細図』参照
作図：おりかわかおる（本書のために依頼・作成）

明治15年創業の八戸を代表する旅館石田家。築港のため埋め立てられる戦前までは海に面していて、旅館からすぐに磯遊びができた。郷土料理「いちご煮」「鮑の水貝」はここから生まれた（八戸市立図書館蔵）

つでも、どこでも、だれでも歌える開放性。そこには南部八戸という地域的封鎖性、暗い歴史的イメージ【9】は、みじんもない。地域を売り出すための作戦が、これほどまで見事に当たった例は少ないのではなかろうか。市政記者クラブというジャーナリストたちの集団作業の中で、歌詞の熟考と精選があり、また法師浜桜白をはじめとする文学的素養を持った人々が多く関わったことで、すばらしい歌詞の「八戸小唄」が誕生した。

その後、神田市長の『日記』には「八戸小唄ようやく成る」と完成したことへの安堵《あんど》感が読み取られる。次のステップは作曲と振り付けとなる。ここに来てやっと、「八戸小唄」創作のビジョンが見えてきた。

【9】昭和51（1976）年3月23日付「東奥日報」いしぶみの旅No.22「八戸小唄の碑」

4 「八戸小唄」作曲誕生のエピソード

作詞の制作作業もさることながら、このあとが大変である。作曲や踊りの振り付けなど、その道の芸道に通じた人物に依頼しなければならない。

神田重雄市長自身も作曲を試みたが、とても古くて取り上げられなかった。神田市長が「今はやりの新曲は長もちしない。古くても民謡調にしてほしい。なるべく地元色の雰囲気を取り入れたい」と希望したことから、石田正太郎は、石田家によく出入りしていた地元民謡歌手・上野翁桃《おうとう》（鷗桃）南部民謡普及会長を推薦した。【1】

そこで神田市長は翁桃に依頼したが、翁桃は「私はその器ではありません」と固辞。代わりに翁桃は、自身の師匠で大日本民謡研究会本部長の尺八奏者・後藤桃水《とうすい》に作曲を依頼し照会した。すると次のような返事が来た。「御送り下され候《そうろう》八戸小唄の歌詞は中々立派な出来に候も寧《むし》ろよむべき文句に候。あの作曲には不適当のもののみ多く候。誠に唄ひにくく候

【1】清水末喜著『八戸外史 石田家物語 対泉院秘話』（株式会社テクノス）昭和56（1981）年4月25日発行

後藤桃水の記念館がある陸前大塚駅

昭和七年八月六日（昭和六年の誤字）」。作詞が立派すぎて唄いにくいとのことである。

さらに次のようなハガキが届いた。「八戸小唄文句一つだけにてはあまりに少なく、なお二つなり五つなり御作詞下され度《たく》。今月中に作曲致すべく候　廿五日」【2】。複数の作詞が欲しいとのことであるが、実際、複数の歌詞を送ったのかは定かではない。八戸でこれだけ検討した末だったので、複数など無理な訳で、恐らく出来たてのこの歌詞1作品だけを送付したことであろう。

また、この時の書簡のやり取りが石田家にも残っており、石田正太郎の三男・村井村治が次のように語ってくれた。「八戸市は作曲料50円で後藤桃水に依頼したが、後藤桃水からは多額を請求されたので難航し、結局、桃水の弟子で姪の吉木《よしき》桃園《とうえん》に作らせた。後藤桃水とすれば、弟子の上野翁桃から懇願されて断れなかったのではないか」と。上野翁桃書簡にも記されていたが、確かに50円とは破格の安さである。当時、小学校教諭の初任給が50円ほどだったので、現在の感覚でい

後藤桃水の胸像が東松島市大塚の桃水翁記念館に建つ

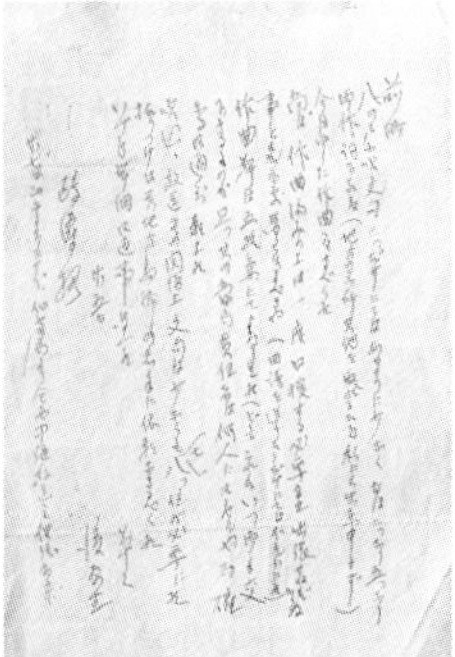

上野翁桃書簡「八戸小唄文句一つだけにてはあまりに少なく、なお二つなり五つなり御作詞下され度。今月中に作曲致すべく候　廿五日」（橋本昭一家所蔵資料）

【2】上野翁桃編『八戸小唄

うと20万円ほどである。

後藤桃水は「日本民謡の父」「東北民謡の育ての親」と呼ばれたＮＨＫ仙台放送局専属の作曲家。現在でも、後藤桃水の出身地・東松島市大塚には、「桃水翁記念館」が建ち、銅像も聳え、８月には「後藤桃水翁をしのぶ民謡まつり」【3】も催されているほどである。その後藤桃水には安値の依頼だったので、民謡歌手でもある吉木桃園に原曲を作らせたのだろう。

石田家で所蔵する『昭和９年６月３日　第28回青森縣銀行協會懇親會御餘興次第』には八戸小唄の歌詞が記載され、「神田市長、市政記者倶楽部員合作　吉木桃園作曲」とある。また、同時期に八戸観光協会で発行した『八戸小唄集』には楽譜が記載され「吉木桃園作曲」とある。初期の印刷物には作曲者が吉木桃園となっている。したがって、吉木桃園が原曲を作り、最後に後藤桃水が編曲したうえで発表したのだろう。本来ならば「作曲＝吉木桃園　編曲＝後藤桃水」と記すべきではあるが、ここで石田家座談会の「名のある方の作詞作曲で、ピリッと頭にしみこむような八戸の唄がほしい」という

四方山ばなし　八戸小唄の真相』（八戸小唄保存普及会）昭和41（１９６６）年１月20日発行

【3】『みやぎの先人集第２集「未来への架け橋」』（宮城県教育委員会）平成30（２０１８）年３月発行

後藤桃水（村井村治氏所有の石田家資料）

吉木桃園（石田勝三郎氏所有の石田家資料）

芸妓《げいこ》・才三《さいぞう》の一言が、作曲者を後藤桃水にした。

　こうして10月に作曲が完成し、次は振り付けとなる。振り付けは、後藤桃水が塩釜の小料理店の女将《おかみ》、三桝《みます》よしに依頼した。三桝よしはNHK専属の日本舞踊師匠であり、後藤桃水に最も信頼されていた。

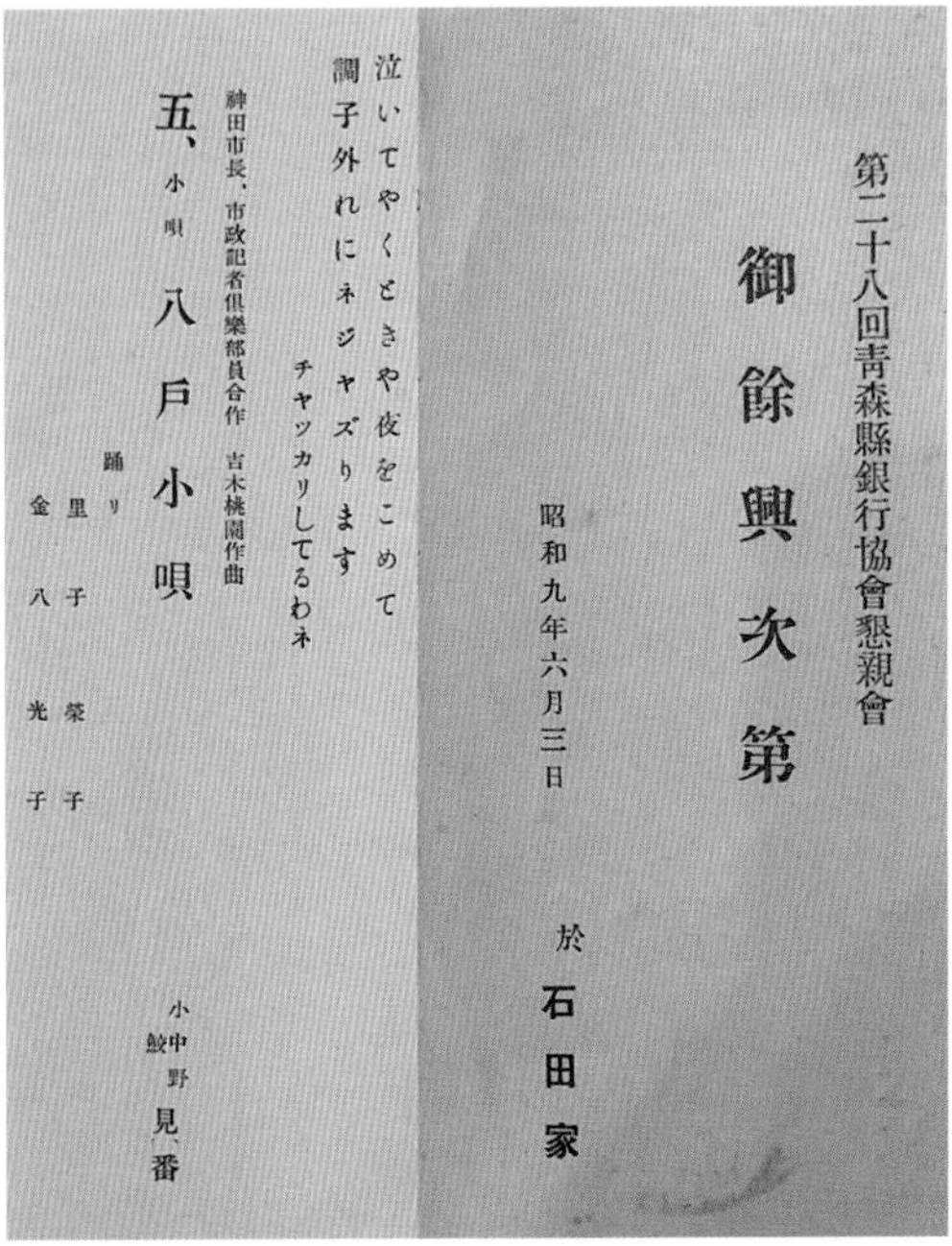
第二十八回青森縣銀行協會懇親會
御餘興次第
昭和九年六月三日
於 石田家

泣いてやくときや夜をこめて
調子外れにネジャズります
チヤツカリしてるわネ
神田市長、市政記者倶楽部員合作　吉木桃園作曲
五、小唄　八戸小唄
踊り　里子　榮子
金八　光子
小中野 鮫 見番

昭和９年の八戸小唄の栞には「神田市長・市政記者倶楽部員合作　吉木桃園作曲」とある（村井村治氏所有の石田家資料）

八戸観光協会発行パンフには吉木桃園作曲とある（村井村治氏所有の石田家資料）

5　「八戸小唄」振り付けのエピソード

いよいよ昭和6（1931）年10月、後藤桃水《とうすい》は踊りの振り付けの型を伝えるために吉木《よしき》桃園《とうえん》を同伴して来八した。

八戸小唄の制作の会場となったのは石田家で、小中野・鮫町両見番から芸妓の代表十数名を集め、稽古に励んだ。【1】

この時、尺八奏者でもある後藤桃水が、最初に八戸に持って来た楽譜は、五線譜に音符を記した楽譜ではなく、尺八の譜【2】だった。塩釜の三桝《みます》よしが考案した振り付け原型を紫紺の袴姿の師匠のようなかたちで吉木桃園が踊ってみせ、それを芸妓たちが一緒に踊りながら唄と踊りを手直しして仕上げるという段取りではじまった。このとき八戸とウミネコや波を表現するようこだわったという。会場となる石田家を提供しプロデュースした石田正太郎とその稽古風景を見守り続けた上野翁桃《おうとう》の功績は大きい。

このように小中野と鮫の見番の芸妓を石田家に集め、猛特訓がはじまった。芸妓たちは伝統的な長唄《ながうた》や清元《きよもと》の癖がぬけ

【1】清水末喜著『八戸外史　石田家物語　対泉院秘話』（株式会社テクノス）昭和56（1981）年4月25日発行

【2】大下由宮子著『私の八戸物語』（伊吉書院）昭和62（1987）年10月1日発行

ず[3]、唄の切れ目を柔らかく伸ばす歌謡調の節と発声とで、だいぶ苦労したという。

また、作曲と振付けも出来上がっていたが、歌の指導や踊りの指導と進むうちに、地元の芸妓たちからいろいろと注文[4]が出された。

後藤桃水も自信作の曲と振り付けだったのに不意を突[5]かれて、いささか慌てたことであろう。踊りのプロからの注文とあれば修正しなければならない。この時、スケートの様子も歌詞に入れてほしいとの要望があり、芸妓たちが稽古している間に法師浜桜白が帳場で第5節をつくった。

芸妓の率直な意見に2人は心を動かされた。こうして、気品を保ちつつ誰にでも踊れるよう極限までに簡略化していった。そのため、後藤桃水と吉木桃園はそれから1週間以上、石田家に泊まり込むことになる。

このように「八戸小唄」は、作詞から作曲・振り付け、そして歌と三味線、鉦《かね》、太鼓などの伴奏をあわせて完成するまで、とても難産であった。これが「八戸小唄」制作の特色と

【3】岩見善四郎著『私の鮫町物語』（自家版）平成11（1999）年11月発行

【4】峯正太郎稿『朔』105号「八戸小唄」（朔社）昭和62（1987）年6月10日発行

【5】清水末喜著『八戸外史 石田家物語 対泉院秘話』（株式会社テクノス）昭和56（1981）年4月25日発行

レコードの唄を担当した芸妓・粂八（橋本昭一家所蔵）

振り付けを考案した三桝よし（石田勝三郎氏所有の石田家資料）

八戸小唄完成関係者記念写真。前列左から法師浜桜白、後藤桃水、吉木桃園、棟方徳衛東奥日報社八戸支局長、後列左から菊池正太郎八戸市勧業主任、石田正太郎、上野翁桃（八戸市立図書館蔵）

もいえよう。

平成12（2000）年6月30日付『東奥日報』によると「当初、八戸小唄を宴会ソングと見る向きが多かったが、逆にその軽さが大衆の支持を受けた」と掲載している。

結論を言えば「八戸小唄」は、伴奏にしても、踊りの振り付けにしても、最終的には地元八戸の芸妓たちの協力によって出来上ったと言っても過言ではない。

こうして「八戸小唄」は、昭和7（1932）年3月17日に全て完成し、同月27日に内輪でのお披露目会を催した。[6]そして、同年5月1日の八戸市市制施行3周年記念祝賀会において正式発表をしている。[7]しかし、列席した人の中にはがっかりした者もいたという。

石田家所蔵『はちのへ新風土記』[8]によると、八戸の民謡は口の中で押しつぶすようにして歌うという暗い感じのものが好まれた。ところが明るい旋律の「八戸小唄」は、当時の八戸人の気質に合わなかった。[9]それでもなかには石田正太郎のように、これはいけると感じた者もいたという。

【6】ところが同月25日付「奥南新報」では「吉木桃園が来八して歌詞を訂正した」とか、翌日の同紙にも練習の手ほどきの様子を報道しており、お披露目直前にも修正を加えているという状況であった。

【7】翌日の5月2日付「東奥日報」では「喝采を博した」と報道している。

【8】石田勝三郎氏所有の石田家資料『はちのへ新風土記』（昭和36年10月25日、八戸商工会議所・八戸観光協会発行）

【9】上野翁桃編『八戸小唄四方山ばなし　八戸小唄の真相』（八戸小唄保存普及会昭和41（1966）年1月20日発行

6 全国に広まる「八戸小唄」

昭和7（1932）年6月3日午後9時、NHK仙台放送局から全国向けラジオ放送として、八戸の芸妓《げいこ》たちによる「八戸小唄」が公共の電波に乗ることとなった。こうなると歌い手も伴奏もしっかりと決めなければならない。旅館石田家を会場にして、小中野・鮫両見番の代表たちが何回も集まり、オーディションののち、唄は粂八《くめはち》（小中野・柳本きゑ）を中心に鹿《か》ノ子《こ》（鮫・若松ツル）、三吉（小中野・納所ふぢ）。三味線と鳴物は、丸子（小中野・岩館ます）、梅太郎（鮫・佐々木ムメ）、才三《さいぞう》（鮫・橋本こと）という両見番自慢の芸妓たちであった（翌日の「東奥日報」に写真入り掲載）。

ラジオ収録後、後藤桃水は、上野翁桃に対し「芸妓連中の民謡放送としては秀逸だった」と絶賛した内容の書簡【1】を送っている。

そして同年11月2日、完成祝賀の「八戸小唄オンパレード」を八戸市廿八日町の錦座《にしきざ》で盛大に開催。当時のステージ写真

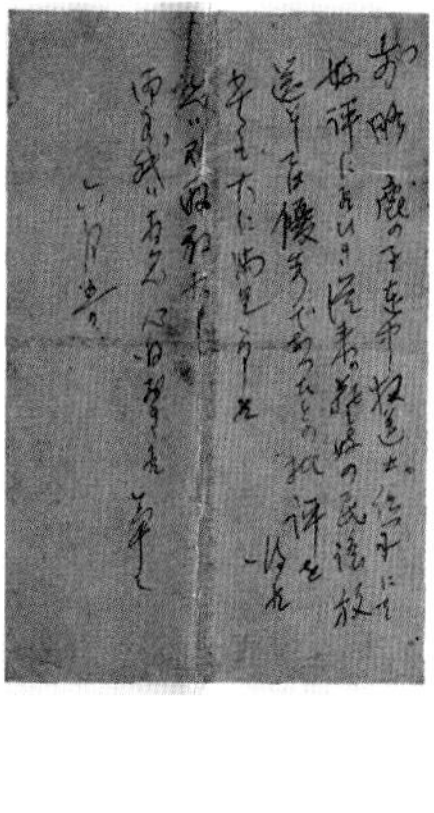

【1】昭和7年（1932）6月5日付『上野翁桃書簡』

上野翁桃書簡より「ラジオ収録後、鹿ノ子は芸妓の民謡放送としては優秀であった」と後藤桃水が褒めている（橋本昭一家所蔵資料）

「前略　鹿の子連中放送上出来にて好評に候ひき従来の芸妓の民謡放送としては優秀であったとの批評を得候　小生も大いに満足致し候　先は不取敢右まで
　お手紙は拝見心得おき候
草々　昭和七年六月五日　後藤桃水」

によると（54ページ）、写真右端、舞台上の演目台には「八戸市長新聞記者合作　八戸小唄　小中野・鮫見番」と記され、満員御礼を思わせる様子がわかる。その後、同月23日、祝賀祭成功と慰労の祝宴として、石田家の玄関前で撮影した写真【2】が残っている。玄関に大国旗を交叉させたその記念写真には、北村益《ます》【3】をはじめとする政財界の名士、それに小中野・鮫両見番のオールスターが勢揃いして写っている。

次のステップはレコード制作である。神田市長の奔走で、すでにこの頃、複数のレコード会社から吹き込みの依頼が来ていた。昭和８（１９３３）年３月３日、東京のニットーレコードでＳＰ盤を吹きこんだ。レコードのジャケットには「八戸小唄　新民謡　神田市長市政倶楽部員及び古心合作　後藤桃水作曲　唄：粂八（小中野見番）　三味線：梅太郎（鮫見番）・丸子（小中野見番）　太鼓：三吉（小中野見番）　尺八：堺浩章」と記載されている。したがって粂八が歌った八戸小唄が正調なのである。なぜか「古心《こしん》」こと「北村益」の名前も記されている。

【2】完成祝賀の「八戸小唄オンパレード」直後に石田家玄関前で撮影した写真の裏面には次のように記されている。「昭和七年十一月二日八戸小唄オンパレード錦座開催萬事ＯＫにて終了せり　仍而（よって）其祝意と慰労を兼ね十一月二十三日　石田屋にて小宴を催す其記念撮影・小中野見番　鮫見番」（石田屋とある）

【3】拙稿「北村益の演武映像と北村小松」『八戸地域史』58号（八戸歴史研究会）令和３年12月発行

北村益は、近代八戸において青年指導者、政治家、財界人、さらに武芸家、文人と多彩に活躍した第３、５代八戸町長。期間は明治40（１９０７）年～大正２（１９１３）年と大正７（１９１８）年～同12（１９２３）年に就任した。八戸町長時代には、鮫港修

ラジオ初放送後の記念写真。前列右から丸子（小中野）、梅太郎（鮫）、才三（鮫）、吉木桃園（唄の指導）、鹿ノ子（鮫）、三吉（小中野）と、歌った粂八（小中野）。後列左から二番目は作曲の後藤桃水＝昭和７年６月ＮＨＫ仙台放送局にて（石田勝三郎氏所有の石田家資料）
※開運・商売繁盛の縁起物「仙台四郎」絵葉書を販売したことで知られる仙台の千葉写真館が撮影

オンパレード後の旅館石田家の玄関＝昭和７年（八戸市立図書館蔵）

完成から半年後の昭和７（1932）年11月、廿八日町・錦座で開かれた「八戸小唄オンパレード」の舞台。右端の演目台には「八戸市長新聞記者合作」と書かれている（八戸市立図書館蔵）

同じく「八戸小唄オンパレード」の舞台。右端の演目台には「八戸小唄　藝妓」と書かれている（八戸市立図書館蔵）

『新編八戸市史』近現代資料編Ⅲ【4】（八戸市発行）には「小唄はレコードやラジオでたちまち全国区となった」と記載しているが、決してそのようなことは無かった。確かにレコード制作は有効であったが、当初1000枚作る予定が会社の都合で800枚しか出来なかった。

当時、八戸にはレコード店が8軒あり、カフェや旅館などに頒布した。しかし飛ぶように売れたわけではない。そこには目に見えない多くの人たちによる普及と努力があった。例えば、石田家主人の石田正太郎は、上野駅に広告の看板を掛け、観光案内書の全国版に組み入れ、中央の有名人に案内をかねたアンケート調査、推奨文の依頼をするなど、「八戸小唄」および八戸市の宣伝を積極的に展開【5】した。

中でも八戸に寄港する漁船の船員やこちらから出て行く船員たちが広めてくれたことが、宣伝活動として効果的であった。それと戦時中の慰問活動である。昭和16（1941）年5月6日、青森県皇軍慰問団として鮫見番・小中野見番から多くのレコードと2000部のパンフレットを持参して中国

築、久八（久慈―八戸）鉄道の完成に尽くし、八戸銀行取締役や八戸水力電気株式会社会長も歴任した。昭和12（1937）年、古希の記念には、八戸市類家に芭蕉堂を設営し百仙洞（ひゃくせんどう）公園（現在の芭蕉堂公園）として市民に開放するなど、文芸の発展にも寄与して、色紙、軸、短冊、書物など多数の作品が残っている。昭和26年4月15日死去（82歳）。

【4】八戸市史編纂委員会編集『新編八戸市史・近現代資料編Ⅲ』（八戸市）平成21（2009）年3月発行

【5】岩見善四郎著『私の鮫町物語』（自家版）平成11（1999）年11月発行

大陸へ出発した。これには現地の兵隊たちの喜び様はたいへんなものだった。団員は青森縣社會課の佐藤正一傷痍軍人會主事、菅井柾太郎見番組合長（弘前市本町）、留目石太郎見番相談役（八戸市小中野）をはじめ芸妓の鹿ノ子（鮫・若松ツル）、駒助（小中野・音喜多スワ）、牡丹（弘前市南川端町・藤田きみ）、友也（弘前市吉野町・成田きよ）、東吉（鮫・北城たけ）、貞奴（弘前市相良町・田中サダ）、小勇（小中野・泉山キヌ）の7名が派遣された。

やがて慰問に行った先の兵隊たちが、戦後それぞれの郷里に復員した際、宴席があるたび「八戸小唄」を歌い踊ったことが「八戸小唄」を有名にした第一の要因だったと、石田家の資料を保管する村井村治は語っている。翌年も北満州へ慰問に派遣されており、慰問団が野戦病院に訪問すると、患者たちは郷里を思って涙を流したという。

戦争というものは、文化芸術を衰退させる要因となるものだが、八戸小唄の場合、大陸戦地において流行し、やがて日本全国に普及させた、珍しい事例といえよう。

青森県皇軍慰問団（村井村治氏所有の石田家資料）

7　「鶴さん、亀さん」問題

SP盤からスタートしたレコードは、EP・LP時代に突入し、簡易で塩化ビニール製のフォノシートまで売れはじめ、様々なアレンジバージョンが出されながら大手各社からどんどんリリースされるようになる。

昭和41（1966）年6月のJASRAC（日本音楽著作権協会）調査によれば、国立国会図書館で所蔵する「八戸小唄」のレコードはクラウン、グラモフォン、ビクター、東芝、日本コロムビア、キングレコードなど40数回[1]にわたって製作されている。特にキングレコードからの三橋美智也盤は人気があり何度も発売した。ところがこの「八戸小唄」は正調ではなかった。

歌は売れれば売れるほど、作者の意志に関わりなく一人歩きするものである。各節末尾に「（ハ・ヨーイサヤ）鮫の岬は　潮けむり（ツルさん　カメさん　ツルさん　カメさん　ツルさんカメさん　ツルさんカメさん　ツルさんカメさん）」と合いの手[2]を入れるようになってきた。

【1】昭和46年12月23日付「デーリー東北」「この道四十年　新聞記者法師浜桜白No.14」

【2】上野翁桃編『八戸小唄四方山ばなし　八戸小唄の真相』（八戸小唄保存普及会）昭和41（1966）年1月20日発行

冒頭で触れたとおり、プロレスラーのジャンボ鶴田は「八戸小唄」を自分のためのテーマソングとして気に入っていた。笑い話になるが、ジャンボ鶴田の入場テーマ曲は「J」を採用していたが、もしかしてプロモーション次第では、「鶴さん、鶴さん」と合いの手を入れて「八戸小唄」が使われていたかも知れない。

昭和29（1954）年12月、この「鶴さん」や「亀さん」の件でトラブルが起こる。日本コロムビアから久保幸江《ゆきえ》・加藤雅夫のデュエットで流行歌『鶴さん亀さん』という歌のレコードを発売[3]したのである。この歌は、「八戸小唄」と同じ旋律で、歌詞を変えただけの所謂《いわゆる》、替え歌であった。さらにひょうきんなしぐさの振り付けまで創作されており、間奏部分には「鶴さん♪亀さん♬」と合いの手を入れていた。これを聞いた八戸市民は「何ともお座敷風でいい」という意見があったが、逆に「八戸小唄を無断で横どりされた。まことに、けしからん！」とクレームの手紙や電話が当時の岩岡徳兵衛市長[4]のもとに殺到した。

【3】コロムビア合唱団・コロムビアオーケストラによる久保幸江・加藤雅夫の「鶴さん亀さん」は作詞が西沢爽、作曲はそのまま後藤桃水。松尾健司が編曲した。三味線は豊吉・豊文。第4節まであり、第1節と第3節は久保幸江、第2節と第4節は加藤雅夫が唄う流行歌であった。

八戸市三八城公園に建つ岩岡徳兵衛市長像

【4】明治33（1900）年八戸町の八戸醤油味噌製造業の老舗「岩徳」に生まれる。昭和40（1965）年没。昭

困ってしまった岩岡市長は、鳥屋部町の弁護士に相談し、相手方のレコード会社を告訴したために全国的な騒ぎとなった。レコード会社も非は弊社にあるとして、八戸市へ謝罪するということになり、以後この『鶴さん亀さん』を舞台で発表するときは事前に必ず「この歌は八戸小唄の替え歌である」ということを断わるという口上つきの歌になって騒動も幕引きとなった。この『鶴さん亀さん』に使われた合いの手が、そのまま八戸小唄にも使用されたと思われる。【5】

法師浜桜白著『唄に夜明けたかもめの港　報道40年の記録』によると「思うに口三味線のチリシャン、チリシャンが転訛したのだろう、なかなか面白いと思った」と寛容な回答をしていた。【6】

和28年12月から昭和40年まで3期務めた9代目八戸市長。八戸尋常小学校を卒業後、近藤喜衛（ひろえ、初代八戸市長）が主宰する「北辰会」に出入りし、その薫陶を受け、昭和8年に八戸市議に当選。昭和22年から6年間市議会議長。昭和の近代化の基礎を築いた。八戸市の近代化の基礎を築いた。市内、三八城公園に銅像が建つ。〈『続きたおうう人物伝・近現代の歩み』（デーリー東北新聞社）令和3（2021）年3月31日発行より〉

【5】松木宏泰著『みちのく民謡ばなし』（東奥日報社）昭和52（1977）年8月3日発行

【6】法師浜桜白著『唄に夜明けたかもめの港・報道40年の記録』（デーリー東北新聞社）昭和47（1972）年11月1日発行

8 著作権問題と作詞者の行方

「八戸小唄」の作詞は、神田市長と市政記者クラブであることから著作権料が日本音楽著作権協会から支払われ、八戸市が受け取っていた。この著作権をめぐって一時、もめたことがある。

その原因は「八戸小唄」誕生の制作過程がそれぞれに人によって意見が違うからである。問題が起こってきたのは昭和30年代後半に入ってからで、もう当時の「石田家座談会」のことを知る人は殆どいなかった。約30年間の空白の記憶を思い起こすにはあまりにも長すぎた。

法師浜桜白は新聞記者として20年以上東京で暮らし、東京に永住するつもりであった。ところが、ある日のこと。音楽評論家町田佳聲《まちだかしょう》（嘉章《よしあき》）のラジオ番組を聴いていたところ、たまたま八戸小唄の説明があり、「この唄は青森県八戸の新民謡[1]で、神田市長と後藤桃水、そして上野翁桃《おうとう》が作ったものです」と流れてきて、たいへん衝撃を受けた。このことが

SP盤からスタートしたレコードは、様々なアレンジバージョンが出されながらリリースされた。昨今はCDの正調版が主流

【1】法師浜桜白著『唄に夜

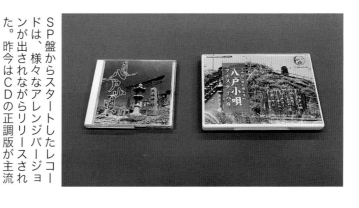

ショックで言語障害を患うこととなった。一週間ほど意識が朦朧《もうろう》とし、一時、危篤状態[2]に陥ったともいう。

法師浜桜白はベッドで妻に「八戸小唄の作詞をしたのは俺だ。心残りは、作詞者をはっきり決めてほしいことだ」とこぼした。これに対して法師浜桜白のために奔走したのが歌詞制作過程をよく知る東奥日報社の元社員・峯正太郎であった。この間、法師浜桜白は、3ヶ月ほどで奇跡的に回復[3]し、八戸市に永住することを決意して帰ってきた。

このあたりから、理論通りにはいかなくなってくる。当時のいきさつを知る時事新聞社の下野末太郎は「八戸小唄は市政記者クラブ全員のもの。強いていえば八戸市民のもので、絶対に個人のものではない」と主張した。そのうちに、作曲者後藤桃水《とうすい》との仲立ちをした上野翁桃が名乗り出て、関係者に内容証明つきの手紙を何回か送って迷走していく。作詞者について「神田市長、市政記者クラブ員合作」だった表記を「法師浜桜白」の一個人に変更することも亡き神田重雄元市長の御遺族神田家とすれば納得しないのは当然である。

明けたかもめの港　報道40年の記録』（デーリー東北新聞社）昭和47（1972）年11月1日発行

【2】石橋春海執筆「おらホが主役だ！〜南部地方が舞台の映画・テレビ・歌謡曲」（デーリー東北）令和4（2022）年1月26日付

【3】清水末喜著『八戸外史　石田家物語　対泉院秘話』（株式会社テクノス）昭和56（1981）年4月25日発行

決定的に「八戸小唄」の作詞者がはっきりしたのは、昭和36（1961）年1月1日付「デーリー東北」【4】であった。ここで、法師浜桜白は今まで胸につかえていた思いの丈を吐露した。この企画は、1ページ全面掲載で「八戸小唄あれこれ」「本当の作詞者・法師浜氏から聞く」「発起人、作詞背負わさる」「無名より有名で、神田市長と合作に」とセンセーショナルな見出しで飾られている。

さらに峯正太郎の勧めもあり、昭和41（1966）年4月19日、作詞者が法師浜桜白ということでJASRAC（日本音楽著作権協会）から「第8656号の1」の登録許可を得て一件落着した。【5】そして翌42（1967）年12月8日、著作権を八戸市へ譲渡するという覚え書きを取り交わした。内容は「今後八戸市が発行する出版物に八戸小唄を掲載するときは、制作元八戸市長神田重雄、作詞法師浜桜白、作曲後藤桃水として発表する」ということであった。同時に著作権で得た歌詞の使用料30万円も八戸市へ文化振興事業費用として寄付した。翌43（1968）年3月15日、八戸市はJASRA

【4】昭和36（1961）年1月1日付「デーリー東北」元旦特集「本当の作詞者　法師浜氏から聞く」
「石田家座談会」に同席していた市政記者クラブ会員の角田四郎デーリー東北新聞編集局長との対談を記事にした。

【5】昭和41年4月19日の登録証には「登録第8656号の1」「八戸小唄（歌詞）全一編」とあり、官報第11831号に掲載され、同時に法師浜桜白へ通達があった。（『唄に夜明けたかもめの港　報道40年の記録』より）

昭和36年1月1日　日曜日　デーリー東北　第5354号　〔18〕

「八戸小唄」あれこれ

"本当の作詞者"法師浜氏から聞く

「八戸の宣傳」が端緒
発起人、作詞背負わさる

野口雨情は"唄に明けたよ"
弱々しいと"夜明けた"にする

写真　語る法師浜氏＝右

法師浜氏略歴

後藤氏 尺八譜で口伝
大きい芸妓連の協力

神田市長、仲裁に
売れ行き良好 レコード会社喧嘩

"無名より有名"で神田市長と合作に

神田市長が作った"鮫の岬"

八戸小唄

ウシ年パズル

成長ぶりに思わず涙
くずれてきた"ふし"—だが本場は立派
旅暮しになつかしい歌

昭和36年1月1日付デーリー東北「本当の作詞者　法師浜氏から聞く」（デーリー東北新聞社提供）

「八戸小唄」の著作権料は八戸市公会堂の運営に組み入れられ、八戸市の文化芸術の向上に役立てられている。（写真は八戸市公会堂）

Cに著作権を信託契約した。そのため今日まで、「八戸小唄」の著作権は八戸市が所持している。それが、昭和50（1975）年4月30日に八戸市公会堂が開館する際、「公会堂事業基金取り扱い要領の制定」という文書が作成（昭和53〈1978〉年3月）されて、「八戸小唄」の著作権料は八戸市公会堂基金に組み入れられることとなった。

この基金が八戸市の文化芸術の向上に役立てられていることを意外に知らない八戸市民も多い。従って、「八戸小唄」の歌詞を使うことが、八戸市の文化芸術に寄与することになるため、積極的に使用してほしい。観光文化スポーツ部文化創造推進課の調べによると令和4（2022）年度の著作権使用収入が4万8404円、令和3（2021）年度が3万6849円【6】であった。コロナ禍により一時、低迷した年度もあるが、これからはまた伸びていくものと思われる。

著作権の保護期間は作者が亡くなって70年であるため「歌詞」の保護期間は令和31（2049）年まで。使用する際は申請手続きや使用料の支払いが必要となる。「曲」についいて

【6】八戸市観光文化スポーツ部文化創造推進課文化創造グループの「八戸小唄著作権収入状況」をみると、昭和43年度の40万9327円からはじまり、八戸小唄制作50周年記念の昭和54年度は131万4398円と周年行事の時は収入の伸びが目立つ。特に豊川悦司（トヨエツ）主演の映画「傷だらけの天使」で八戸がロケ地となり八戸小唄が流れたため平成9年度は143万2210円と収入増が多かった。平成22年度の12月期で「曲」の保護期間が終了したため30万4458円となり、それ以降、20万円以下となり、コロナ禍の令和2年度は6万5593円、令和3年度が3万6849円と落ち込んだ。

は著作権保護期間が平成22（２０１０）年だったので、「曲」のみを使用する場合は、申請や使用料【7】は必要ない。

従って、新幹線八戸駅ホームも、この発車メロディーに歌詞を入れてしまえば使用料が発生するということになるため、曲のみを流している。なお、「八戸小唄」の歌詞を使用する際は市文化創造推進課へ一報しなければならない。

【7】八戸市観光文化スポーツ部文化創造推進課文化創造グループの著作権関係資料

9　正調八戸小唄保存会発足と蕪島の八戸小唄記念碑

全国区として「八戸小唄」が流行するに伴って、メロディー・歌詞・踊りなど徐々に変化し、替え唄やアレンジバージョンまで出てきて、崩れが目立つようになってきた。

そこで正しい「八戸小唄」を保存して後世に残そうとする声がおこってきた。先ず、上野翁《おうとう》桃が昭和30（１９５５）年秋に八戸小唄保存会を名乗って、『八戸小唄之栞』[1]を発行し、踊りのコマ撮り写真を掲載して正しい踊りを紹介した。

さらに昭和40（１９６５）年に正調八戸小唄保存会が組織された。これは会長を八戸市長に、事務局を八戸市商工観光課に置くというスタートだった。ネット記事等によると「昭和38年に中居幸介商工観光課長を中心に会長を岩岡徳兵衛市長として発足した」[2]と記している事例もあるが、正調八戸小唄保存会の会則を見れば「昭和40年5月24日」に発足したことが記されている。

また、「八戸小唄」は本来、座敷踊りなので、屋外で流し

【1】泉珠宝氏所有資料の『八戸小唄之栞』。コマ撮り写真が掲載されている

【2】法師浜桜白著『唄に夜明けたかもめの港　報道40年の記録』（デーリー東北新聞社）昭和47（１９７２）年11月１日発行

踊りをするために、行進用の踊りも新しく作られた。昭和41（1966）年8月20日、鮫・小中野両見番、八戸連合婦人会、南部芸能協会、大西俊次らの合作により正調八戸小唄保存会の名で振付けをし、その発表会を八戸市桜木町グラウンドで開催した。さらに平成15（2003）年1月、踊りの力で地域の役に立とうと「八戸小唄・八幡馬のうた愛好会」【3】（発起人・松倉チヤ）が発足し、八戸のPR活動、観光客歓迎イベント等への参加、体験コースなどを企画運営する事となった。

その他、八戸の観光PR活動として八戸第1の観光地、蕪島に八戸小唄記念碑が建立された。これは正調八戸小唄保存会【4】の橋本忠吉会長が昭和43（1968）年1月11日に八戸小唄歌碑建設資金の一部として、10万円を寄贈したことから本格的構想が練られるようになった。そして市民から寄せられた200万円を投じて、昭和48（1973）年8月25日建立。高さ1・8メートル、幅2・8メートル、厚さ0・6メートルの南アフリカ産の黒みかげ石【5】に歌の第1節が刻まれている。

この歌詞の文末に「作詞　法師浜桜白」とは刻まれず「法

【3】平成15（2003）年1月25日付「デーリー東北」

【4】昭和44年度正調八戸小唄保存会総会議案書の「正調八戸小唄保存会会則」項目（橋本昭一家所蔵）。正調八戸小唄保存会の会則には「八戸市長が会長に就く」と記載されていたことから、初代会長が岩岡徳兵衛市長、2代会長が中村拓道市長と続いたが、実質的に活動していたのが副会長の八戸商店街連盟会長・橋本忠吉であったことから、昭和44年度の総会において、橋本忠吉が会長に就任し、市長は顧問職となった。

【5】『八戸小唄の碑〝竣工除幕式プログラム〟』（正調八戸小唄保存会）昭和48（1973）年8月25日発行

師浜桜白　書」としか刻まれていない[6]のも何か腑に落ちない人もいるかも知れない。これは作詞の著作権問題で、すっきりしなかった点があったからだ。この時、神田市長の五男神田宏が建設の委員[7]であった石田家の主人石田實（詩人・村次郎）へ次のような書簡を送っている。

「日記（『神田重雄日記』）には法師浜氏がつくったとはありません。（略）一法師浜氏の作詞者として誤った事を残すべきではない…」と。

また、作曲者後藤桃水《とうすい》の弟子・上野翁桃も橋本忠吉へ何度もハガキや書簡[8]を送って執拗《しつよう》に食い下がってきたから収拾がつかなくなってきた。そこで、折衷案として「法師浜桜白書」と刻むことで決着をつけるに至ったのである。

【6】前田亀造編『蕪嶋神社創建七百年記念誌』（蕪嶋神社創建七百年奉祝奉賛会）平成8（1996）年7月発行の《昭和61（1986）年刊行『かぶ島と嚴島神社』に社号変更〈平成3（1991）年、嚴島神社から蕪嶋神社へ〉の経過を追加して復刊》

【7】神田宏から石田實への書簡（石田家所蔵）

【8】上野翁桃から橋本忠吉への書簡（橋本昭一家所蔵）

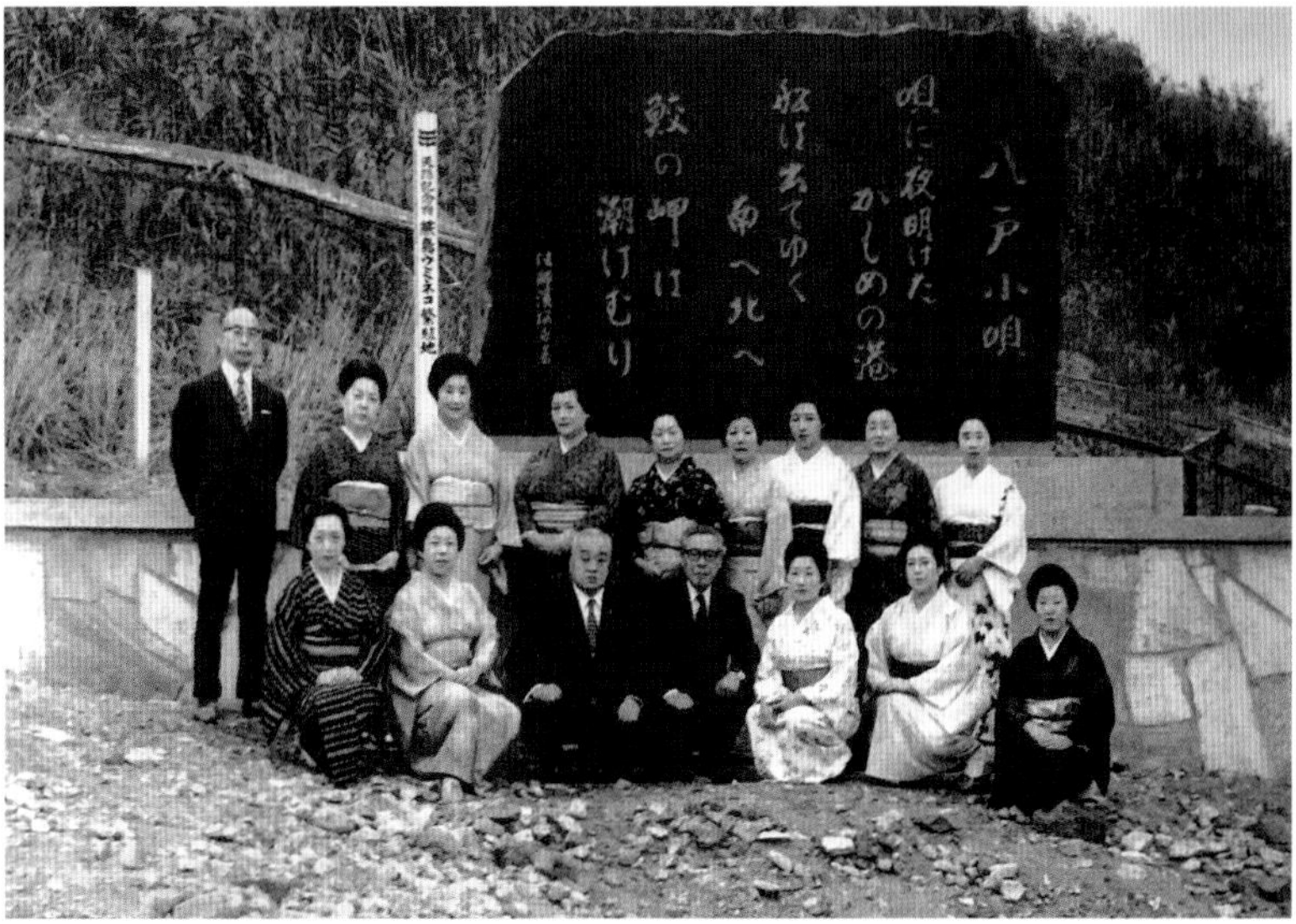

昭和48年８月25日、蕪島に八戸小唄記念碑が建立された。
竣工祭直後の記念写真。前列左から３番目が正調八戸小唄保存会の橋本忠吉会長（橋本昭一家所蔵）

（裏）

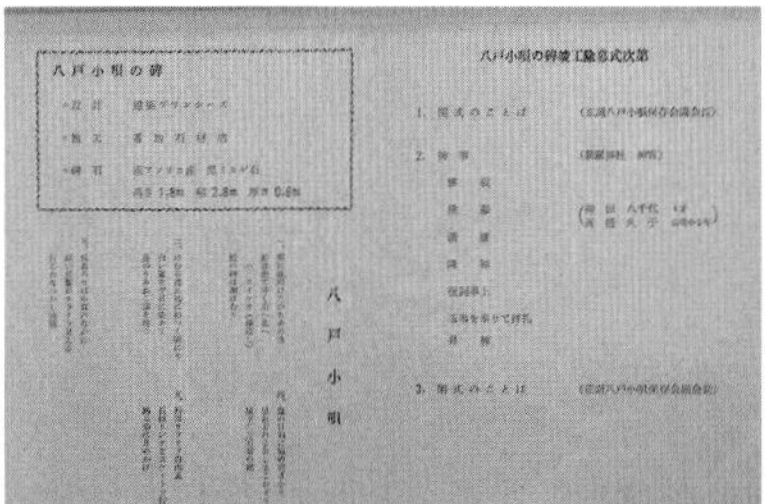

（表）

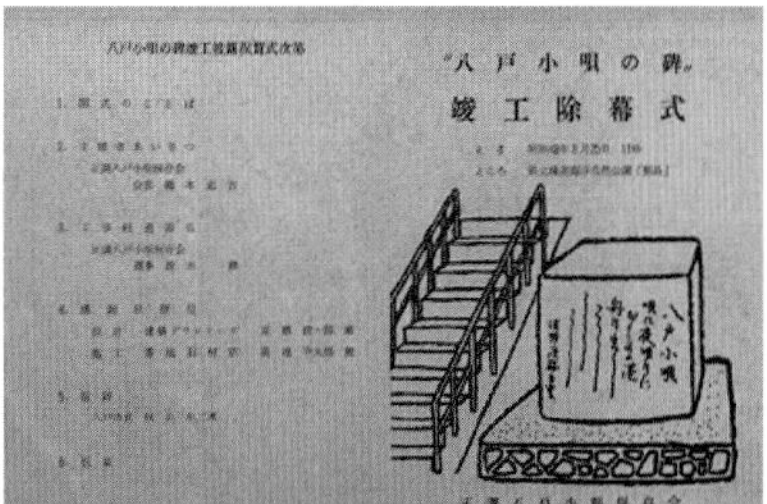

蕪島八戸小唄記念碑竣工祝賀式次第しおり（橋本昭一家所蔵）

10 長根の八戸小唄記念碑

法師浜桜白著『唄に夜明けたかもめの港　報道40年の記録』【1】によれば、「八戸小唄」が世に出てまもなくのこと。八戸の文人グループが日本童謡界の三大詩人と讃えられた野口雨情を招いて石田家に1泊したことがあったという。そこで法師浜桜白らが市内観光案内をした際、「八戸小唄」の話題となり、その時、野口雨情が「なかなかいい歌だが、僕に作らせると『唄に明けたよ…』とするな」と言い切ったとのこと。

「唄に明けたよ」が良いのか「唄に夜明けた」が良いのか、何とも言えないが、ただ「唄に明けたよ」にすれば柔らかい口調となり童謡作家らしい歌詞になるのではなかろうか。私は「唄に夜明けた」の方がすっきりと清々しい感じがして好きである。

もう1基、八戸市内には長根公園内に第5節の歌詞を刻んだ記念碑が建っている。0・5メートルの台座の上に載った高さ1・2メートル、幅2メートル、厚さ0・35メートルのアフリカ産黒みかげ石で、

【1】法師浜桜白著『唄に夜明けたかもめの港　報道40年の記録』（デーリー東北新聞社）昭和47（1972）年11月1日発行

昭和52年1月、あすなろ国体開催を祝い「八戸小唄」第5節を刻んだ記念碑がスケートの聖地、長根に建立された

かつての長根リンク管理棟の前に建つ。天然氷時代のリンクの情景をイメージさせる歌詞となっている。

第32回あすなろ国体記念として、昭和52（1977）年1月20日、八戸市と正調八戸小唄保存会が建立した。表の面には「第一回全日本スピードスケート選手権大会開催　昭和五年一月／第一回国民体育大会冬季スケート競技会開催　昭和二十二年一月」「氷都はちのへ長根リンク」と、当時の秋山皐二郎《こうじろう》市長【2】の揮毫《きごう》による立派な石碑で「氷都八戸記念碑【3】」と呼ばれている。

八戸では昭和22（1947）年1月に第1回スケート国体が開催された。当時は戦後の物資不足の混乱期であり、当然ながらどこも大会開催地を引き受けたがらない。そのような中、八戸市が手を挙げたのである。八戸の地元関係者の熱意と度量の大きさが感じられる。以後、開催都市として通算14度目となるスケート国体が令和5（2023）年も開かれた。回数は国内で最多である。あすなろ国体開会式は竣工祭の2日後、22日に長根運動公園で開かれ、全国から氷の精鋭が集

【2】秋山皐二郎は5期20年、八戸市長を務めた。明治43（1910）年湊村（現八戸市）で網元を営む秋山家の四男として生まれた。昭和27年から市議を2期、同34年から県議3期を務め、同44年に八戸市長初当選。新産業都市八戸の実現に向けて生きがいのある総合産業都市を目指し辣腕を振るった。なかでも八戸大橋建設や八戸線高架化等の都市整備により交通問題は大幅に解消。産業発展と市民生活の環境改善に努めた。素材型産業から高度技術情報産業への移行や、東北新幹線太平洋回りの実現に尽力し、21世紀に向けた八戸の発展に大きく貢献した。平成元（1989）年に市長を勇退、同8年名誉市民に選ばれた。同19年に没。（八戸市教育委員会社会教育課・令和4年度ふるさと先人パネル参照）

まり熱戦を繰り広げた。
　この氷都を讃えて長根に記念碑が建立されたのであった。【4】
　また、昭和46（1971）年1月、第20回インターハイが長根リンクにおいて4度目の開催となった。この時、全国から集まった参加選手や関係者に八戸小唄ソノシートを500枚作って、配布した。このソノシートは正調の八戸小唄を守るために粂八の歌で製作した。
　さらに、平成元（1989）年3月16日に八戸市公会堂で八戸小唄全国大会が開催されたが、その直後に、匿名であるが、「歌詞の間違い多い八戸小唄」と題して節や詞の歌い方の間違いを指摘する投書があった。【5】「こ雪と歌うのは間違いだ」とか「八戸市の活性化に活かすためにも、市民の財産である八戸小唄の歌い方を見直すべきだ」と八戸小唄に想いを寄せた文面であった。

【3】碑文は「八戸小唄」の歌詞を所々ひらがなにして読みやすくしたのだと思うが、著作権を得た正調を伝えるのであれば「こ雪→粉雪」「白山おろし→白山颪」「おどる姿に→踊る姿に」となる。

【4】昭和52（1977）年1月21日付「デーリー東北」。あすなろ国体を記念し、由緒ある長根リンクに、その歴史を記す象徴的な記念碑となった。それから1週間後の1月27日、病気療養中であった正調八戸小唄保存会の橋本忠吉会長が此の世を去った。

【5】平成元（1989）年7月8日付「デーリー東北」こだま欄に「歌詞の間違い多い八戸小唄」と題して、「八戸市根城T・M、76歳」と匿名で投書があった。

11 関係者の顕彰とその後

昭和6（１９３１）年に「八戸小唄」が制作スタートして35周年記念の年である昭和41（１９６６）年11月11日、小唄制作に関わった功労者の表彰式【1】が八戸市更上閣で開催された。受賞者は、上野翁桃《おうとう》、才三《さいぞう》、鹿ノ子《かこ》、梅太郎、蘭子、丸子、才八、三吉、五郎、駒助の10名。

続いて翌42（１９６７）年11月25日には、八戸小唄に功労した神田重雄市長・後藤桃水《とうすい》・粂八《くめはち》・石田正太郎の4名の物故者慰霊祭を南宗寺【2】で執行した。遺族代表のほか、観光協会や南部芸能協会、小中野・鮫両見番の芸妓《げいこ》らも参列して厳かに執行した。

昭和42年3月30日、八戸連合婦人会がＮＨＫのテレビ番組「ふるさとの歌まつり」にて「八戸小唄」の踊りを全国に披露した。

同46（１９７１）年7月には「八戸小唄」誕生の40周年記念であることから、八戸市中心街「八戸七夕まつり」の前夜

【1】昭和41（１９６６）年11月12日付「デーリー東北」。昭和41年11月11日に更上閣で開催された功労者表彰式の受賞者本名と年齢は次のとおり。上野翁桃（忠次郎66歳）、才三（橋本こと69歳）、鹿ノ子（若松ツル70歳）、梅太郎（佐々木ムメ61歳）、蘭子（宮崎キン51歳）、丸子（岩館ます62歳）、才八（音喜多サト66歳）、三吉（納所ふぢ66歳）、五郎（稲本トメ63歳）、駒助（音喜多スワ60歳）の10名。ときの正調八戸小唄保存会会長の中村拓道市長から表彰状と記念品を贈り、その功績をたたえた。祝賀会では、受賞者を代表して才三（橋本こと）が挨拶し、「私どもはこの日のあることをどんなに待ったことか、嬉しくてなりません。これからも一生懸命、八戸小唄を歌い続けます」と決意を述べた。

祭に「第1回八戸小唄流し踊り」（東奥日報社主催）が始まり、恒例の催し行事となっていった。

また平成9（1997）年には、八戸三社大祭の神社行列最後尾を飾る催しとして「華屋台【3】（芸妓屋台）」が復活。これは、明治時代に花街として栄えた小中野見番の芸妓衆が靇《おがみ》神社の行列に参加したことが起源とされる。屋台は八戸の豪商河内屋が寄進し、屋台の先頭を藤娘《ふじむすめ》、三番叟《さんばそう》などが歩き、屋台の上では三味線、太鼓、鼓を奏で、それにあわせて芸妓たちが唄をうたい、踊りを舞い、それは艶やかで華やかなもので、さながら「動く歌舞伎座」とも呼ばれた。現在は芸妓がいないため、日本舞踊の師範らが華屋台に乗って八戸小唄に合わせて舞い、八戸三社大祭の名物の一つとなっている。

「八戸小唄」誕生から80年の記念の年に当る平成23（2011）年1月には初版のSP盤レコードが石田家で見つかった【4】。SP盤発見後、正調八戸小唄を指導している若柳京宏《わかやぎきょうひろ》【5】が発祥の地である石田家でこのSP盤で踊りを披露して話題を集めた。また、この年、80周年記念事業として小中野と湊町・

【2】昭和42（1967）年11月26日付「デーリー東北」。「八戸小唄35年　功労の四物故者に焼香」の見出しで、参列者名も紹介されている。制作者の神田市長の遺族代表として妻の神田篤子・息子の重矩（しげのり、七男）、後援者石田正太郎の遺族代表福田剛三郎（正太郎の妹の夫で画家）、作曲者後藤桃水の遺族代表に上野スエ、唄い手の粂八（柳本きゑ）の遺族代表が柳本茂で、関係者の観光協会や南部芸能協会、鮫見番の才三、梅太郎、鹿ノ子、蘭子、小中野見番の駒助、吉丸次、五郎らも参列して厳かに執行した。

【3】八戸三社大祭の最後尾を飾る華屋台は太平洋戦争を挟んで中断、復活を繰り返しながら今日に至っている。「華屋台」という言葉は明治43（1910）年の新聞「奥

八戸小唄功労者祝賀35周年記念　昭和41（1966）年11月11日、小唄制作に関わった功労者の表彰式が八戸市更上閣で開催（橋本昭一家所蔵）

毎年7月には、八戸市中心街において東奥日報社主催「八戸小唄流し踊り」が催されている

南新報」が初見。芸妓たちの手踊りという点では天保4（1833）年や嘉永元（1848）年の『法霊御神事行列帳』に「鮫踊子」「湊踊子」という記述がすでにみられており、鮫と小中野見番のことだろう。明治25（1892）年、東京東陽堂発行の『風俗画報』第42号には当時の華屋台のことが次のように記されている。「…湊新町　是また大屋台に多くの芸妓演劇なり。これを挽く牛二頭は満體飾り付けたり。また、この牛をば十六、七歳ばかりの芸妓数十人洒落な風に装って挽きつつ進む…」と。牛が屋台を曳いて、屋台には芸妓が乗り、踊っていたことが分かる。このころの華屋台は、三味線・大太鼓・太鼓・鼓などの担当が10名ほどいて、常磐津（ときわづ）・端唄（はうた）・清元などの口説き部分に踊りを

鮫町を繋ぐ湊橋で7月に「第1回湊橋八戸小唄まつり」（駒井庄三郎実行委員会長）や蕪島の「鮫町復興元気まつり〈現・さめ浜まつり〉」（西野陽一会長）が行われた。

　また、八戸市の民謡歌手松田とみは「ベートーベンの第九のようにはいかないにしても、満席の八戸市公会堂で八戸小唄を歌うことが夢だ」[6]と語っていた。

石田家で見つかった90年前の初版のＳＰ盤レコード（石田勝三郎氏所有の石田家資料）

つけて演じられた。祝儀が多く上がった時には舞台をその家の方に回して、披露したという。大正２（１９１３）年９月２日付の「奥南新報」には、神明宮の行列を特徴づける廿六日町の大神楽・巫女（早乙女）、新羅神社の行列を特徴づける中居林大神楽、干支鉾（ほこ）・武者行列などが見られ、行列の後尾には華屋台も付いており、現在の行列に極めて近いスタイルが完成していたことが分かる。

　ＶＩＳＩＴはちのへの資料によると、昭和になり、戦後の混乱や社会経済の変遷などで中断されていたが、平成９年に、昔を懐かしむ有志の情熱と日本舞踊各流派関係者の協力により「八戸三社大祭華屋台」として復活した。

【4】平成23（２０１１）年１月４日付「デーリー東北」。このＳＰ盤には「神田市長

八戸小唄を舞う華屋台＝令和４年撮影

大正はじめの三社大祭華屋台・朔日町と六日町の交差点。奥は味ビル（八戸市立図書館蔵）

市政倶楽部員及古心合作」と記され、この「古心」とは八戸町長だった北村益の雅号である。神田市長や法師浜桜白とも交流のあった人物で、おそらく歌詞作成の際に何かしらのアドバイスがあった事から北村益の名前を記載したのだと思われる。

【5】平成23（2011）年7月3日付「デーリー東北」

【6】令和5（2023）年2月25日付「デーリー東北」こだま欄にも「皆さんと八戸小唄を」と題して、松田とみが八戸小唄に対する思いを寄せている。

12 むすびに

「八戸小唄」の歌詞についてはさまざまあったものの「作詞＝法師浜桜白、作曲＝後藤桃水」については、揺るぎないものとして現在もこれからも変わらない。「作詞＝法師浜桜白を中心とした神田重雄八戸市長ほか市政記者倶楽部員合作、作曲＝吉木桃園、編曲＝後藤桃水」とすれば何も問題が無かったのかも知れない。

そして、ここで忘れてはいけないのが、石田家主人の石田正太郎である。「八戸小唄」をプロデュースしたまとめ役で、終始黒子に徹した彼がいなければ「八戸小唄」は誕生しなかった。神田市長の外見は強靱に見えるものの右足を切断する不自由な身体であった。そのため中央官庁から高官が来たりすれば、石田家においてもてなしたものだったが、自身の義足の膝が曲がらぬことから客に対して失礼と思い、挨拶を述べたあとそそくさと立ち去って、石田家の帳場に座りこみ、石田正太郎と世間話に花を咲かせたという。石田正太郎は「アイナさま（大家の跡取り息子という方言）」と愛称されており、峯正太郎稿『朔』１０５号によると、「無類のアイデアマンであるとともに妥協のない文化人でもあり、時代を先取りすべく八戸小唄制作に熱情を燃やした」と記している。

神田市長は八戸小唄を世に送り出した後、さらに観光振興にも力を入れ、パノ

東日本大震災で被災した八戸市鮫町の白浜海水浴場。津波で建物がつぶれている＝平成23年３月14日撮影

東日本大震災の津波被害に遭い、取り壊された石田家の解体直前の様子＝平成23年７月２日撮影

旅館石田家の跡地＝令和５年４月10日撮影

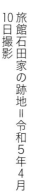

ラマ絵図を得意とする画家の吉田初三郎に八戸市の鳥瞰図など多くの絵を描いてもらい、昭和12（1937）年には種差海岸の国名勝地の指定を成し遂げている。

作詞者問題で揉めることはあっても、鮫の旅館石田家が発祥の地であることに反論する者はいない。ところがその旅館石田家も東日本大震災により被災し、その後、取り壊されて今はその面影がない。そこで、この跡地に「八戸小唄発祥の地」の標柱を建てても良いのではないか。また、観光地蕪島の八戸小唄記念碑にもボタンを押せばメロディーが流れるという仕掛けをしてもよいのではなかろうか。

これらの企画を「八戸小唄」誕生100周年までに実現できないものだろうか。いずれにせよ、この地方色豊かな宝を「守り」「育て」「伝えていく」ことが大切である。

発刊に寄せて

一般財団法人VISITはちのへ理事長　塚原　隆市

八戸小唄は、昭和4年の八戸市制施行を機に、全国に八戸市を売り込むことを目的に昭和6年に制作をスタートさせ、90年以上歌い継がれております。八戸の名所や情景が歌われ、観光PR並びに市民の一体感の醸成に繋がるとともに、「八戸七夕まつり」「さめ浜まつり」「湊橋八戸小唄まつり」などでの流し踊りや、八戸三社大祭の華屋台で踊りが披露されるなど、市民に愛されております。

また、全国的にも新民謡として認知されていることから、八戸駅を訪れた方に当地域の魅力を印象付けることを目的に、令和4年12月1日より、八戸駅新幹線ホームの発車メロディーに採用されております。

本書は、著者である滝尻善英氏の青森県文化財保護協会会長および八戸ペンクラブ会長など、多方面で御活躍されている知見から、誕生から紆余曲折を経て現在に至るまでの八戸小唄の歴史や踊りについてまとめられております。本書を拝読し、郷土が誇る名歌を制作し、保存伝承に御尽力されてきた先人たちの想いを次の時代へ繋いでいきたいと、改めて感じた次第であります。

結びに、著者をはじめ出版に携わった関係者への感謝とともに、本書が八戸地域の民俗芸能の歴史を知る上で貴重な文献として、時代を超えて読み継がれていくことを祈念いたします。

あとがき

滝尻　善英

八戸小唄は、八戸の観光開発の一つとして誕生した。そのため八戸市の宣伝になる内容が随所に含まれている。そして八戸市中心街で繰り広げられる「八戸七夕まつり」に合せて、東奥日報社主催の「八戸小唄流し踊り」は夏を彩る風物詩として定着してきている。これからも多くの人々に愛される新民謡として、また、来訪された方々に八戸のイメージを強く印象づけるご当地ソングとして口ずさんでいただきたい。

最後に拙稿をまとめるにあたり八戸市立図書館、旅館石田家の現当主石田勝三郎氏、勝三郎氏の兄で石田正太郎の三男村井村治氏、正調八戸小唄保存会会長橋本忠吉の長男昭一氏、八戸市文化協会会長の泉紫峰氏の諸氏から資料提供や御教示をいただいたこと、また、正しい踊りのコマ撮りを監修していただいた日本舞踊泉流師範の泉彩菜氏、東奥日報社前八戸支社長の荒谷達也氏、同社文化出版部部長の秋元宏宣氏、同部の皆様、そして御支援いただいたＶＩＳＩＴはちのへ理事長の塚原隆市氏に対して感謝と御礼を申し上げる。

「八戸小唄」関係年表

明治23年 1890	11月	青霞堂出版の『向鶴』で「八戸八景」を紹介。蕪島の景色を「蕪島の帰帆」として詠む（八戸小唄第2節に詠まれる名所）
昭和4年 1929	5月	八戸町・小中野町・湊町・鮫村を合併して八戸市が誕生
昭和6年 1931	2月	鮫の旅館石田家で「八戸を語る」座談会が開かれ、「八戸小唄」を制作しようという声があがる
	8月	大日本民謡研究会本部長の尺八奏者・後藤桃水に「八戸小唄」作曲を依頼する
	10月	『神田重雄市長の日記』に「八戸小唄ようやく成る」と概ね歌詞が出来上がったことを記述
	10月	「八戸小唄」の作曲と踊りが完成したので、後藤桃水が吉木桃園を伴い来八。石田家で鮫・小中野両見番の芸妓の代表たちに唄と踊りを伝受
昭和7年 1932	3月	「八戸小唄」の素案完成

昭和7年 1932	3月	「八戸小唄」を内輪で披露する
	4月	作詩家野口雨情の文化講演会八戸講演で、八戸小唄について論評
	5月	八戸市市制施行3周年記念祝賀会において正式発表
	6月	「八戸小唄」がNHK仙台放送局から全国向けラジオ放送として電波に乗る
	11月	「八戸小唄」完成祝賀の「八戸小唄オンパレード」を八戸市廿八日町の錦座で盛大に開催
	11月	「八戸小唄」完成祝賀祭の成功と慰労の祝宴を石田家で開催。その時に玄関前で撮影した記念写真が石田家や八戸市立図書館に残る
昭和8年 1933	3月	「八戸小唄」がニットーレコード（日東蓄音器）よりレコード化され、全国デビュー
昭和9年 1934	6月	八戸観光協会発行の『八戸小唄集』に楽譜が記載。作曲者については「吉木桃園作曲」とある（石田家資料）

	6月	『第28回青森縣銀行協會懇親會御餘興次第』のパンフレットに「八戸小唄」の歌詞が記載。「神田市長、市政記者倶楽部員合作　吉木桃園作曲」とある（石田家資料）
昭和16年 1941	5月	青森県皇軍慰問団として鮫見番・小中野見番から芸妓たちが「八戸小唄」のレコードとパンフレットを持参して中国大陸へ出発
昭和17年 1942		北満州へ青森県皇軍慰問団が再び派遣される。慰問団が野戦病院に訪問すると患者たちは郷里を思って涙を流したという
昭和22年 1947	1月	第1回スケート国体が八戸市長根において開催（八戸小唄第5節に詠まれる名所）
昭和29年 1954	12月	日本コロムビアから久保幸江・加藤雅夫のデュエット「鶴さん亀さん」のレコード発売。「鶴さん亀さん」訴訟問題が勃発
	12月	「鶴さん亀さん」の合いの手が入った八戸小唄がこの頃から流行して波紋を呼ぶ（賛否両論）
昭和30年 1955	10月	上野翁桃が八戸小唄保存会を結成し、『八戸小唄之栞』を発行。踊りのコマ撮り写真を掲載して正しい踊り方を紹介

昭和36年（1961）	1月	「デーリー東北」元旦号で「八戸小唄あれこれ　本当の作詞者・法師浜氏から聞く」が1ページ全面掲載
昭和40年（1965）	5月	八戸市が中心となって正調八戸小唄保存会を発足。会長を岩岡徳兵衛八戸市長に、事務局を八戸市商工観光課に置く
	11月	「八戸小唄」作詞者として法師浜桜白が文化部門で八戸市特別功労を受賞。また青森県文化賞も受ける
昭和41年（1966）	1月	上野翁桃が『八戸小唄　四方山ばなし　八戸小唄の真相』（八戸小唄保存普及会）を発行
	4月	作詞者を法師浜桜白としてＪＡＳＲＡＣから登録許可を得る（第８６５６号の１）
昭和41年（1966）	8月	正調八戸小唄保存会が、新しく行進（流し踊り）用「八戸小唄」踊りを振付けし、その発表会を八戸市桜木町グラウンドで開催
	11月	「八戸小唄」制作スタート35周年を記念して、制作に関わった功労者10名の表彰式が八戸市更上閣で開催
昭和42年（1967）	3月	ＮＨＫのテレビ番組「ふるさとの歌まつり」において八戸連合婦人会が「八戸小唄」の踊りを全国に披露

	11月	八戸小唄に功労した神田重雄市長・後藤桃水・粂八・石田正太郎の4名の物故者慰霊祭を南宗寺で執行
	12月	八戸小唄作詞者法師浜桜白が、著作権を八戸市に譲渡。同時に著作権で得た使用料30万円を八戸市へ寄付
昭和43年 1968	1月	橋本忠吉が八戸小唄歌碑建設資金の一部として、正調八戸小唄保存会に10万円を寄贈
	3月	八戸市は著作権をＪＡＳＲＡＣに信託契約
昭和44年 1969	9月	昭和44年度正調八戸小唄保存会の総会において、橋本忠吉が会長に就任し、市長（中村拓道）は顧問職となる
	12月	長根がパイピングリンクとして完成（八戸小唄第5節に詠まれる名所）
昭和46年 1971	7月	「八戸小唄」誕生の40周年記念として、八戸市中心街「八戸七夕まつり」前夜祭に東奥日報社主催の「第1回八戸小唄流し踊り」が始まり、恒例の催し行事となる
	7月	22日付「東奥日報」に法師浜桜白がインタビューされた記事が掲載

昭和47年 1972	11月	法師浜桜白著『唄に夜明けたかもめの港・報道40年の記録』（デーリー東北新聞社）発行
昭和48年 1973	8月	正調八戸小唄保存会の橋本忠吉会長を中心に蕪島へ「八戸小唄歌詞記念碑」が竣工。記念碑には歌詞の第1節が刻まれる
昭和50年 1975	4月	八戸市公会堂開館。「八戸小唄」の著作権料は八戸市公会堂基金に組み入れられる（同53年3月に「公会堂事業基金取り扱い要領の制定」文書作成）
昭和52年 1977	1月	第32回あすなろ国体を記念し、八戸市と正調八戸小唄保存会が長根に「氷都八戸記念碑」を建立。表の面に「八戸小唄」の第5節が刻まれる
平成元年 1989	3月	八戸市公会堂において八戸小唄全国大会を開催
平成9年 1997	8月	八戸三社大祭の神社行列最後尾を飾る催しとして、「八戸小唄」踊りを披露する「華屋台」が復活
平成15年 2003	1月	踊りの力で地域の役に立とうと「八戸小唄・八幡馬のうた愛好会」（発起人・松倉チヤ）が発足
平成22年 2010	8月	「八戸小唄」の「曲」の著作権保護期間が終了。「曲」のみを使用する際は申請や使用料は必要なし

平成23年（2011）	1月	「八戸小唄」初版のＳＰ盤レコードが鮫町の旅館石田家で見つかる
	7月	「八戸小唄」制作80周年記念事業として「第1回湊橋八戸小唄まつり」（駒井庄三郎実行委員会長）を開催。以降、恒例行事となる
	7月	「八戸小唄」制作80周年記念事業として「鮫町復興元気まつり〈さめ浜まつり〉」（西野陽一会長）を開催。以降、恒例行事となる
	7月	旅館石田家で見つかったＳＰ盤レコードで、正調八戸小唄を指導している若柳京宏が発祥の地・石田家で踊りを披露し、話題となる
令和4年（2022）	3月	「八戸小唄」第2節に詠まれている「蕪島のウミネコ」が国天然記念物に指定されて100周年を迎える
	12月	東北新幹線八戸駅開業の20周年を記念し、「八戸小唄」が新幹線八戸駅の発車メロディーとしてホームに流れる
令和5年（2023）	3月	「八戸小唄」がレコード化され90周年
	6月	「八戸小唄」レコード化90周年を記念して「東奥日報」で「深掘り八戸小唄」の連載スタート。7月7日まで

滝尻　善英　たきじり・よしひで

昭和32（1957）年、青森県八戸市生まれ。
青森県文化財保護協会会長、八戸市文化財審議委員副委員長。八戸市史編集委員会民俗班班長として八戸市史編纂に携わるほか、岩手県北地方、さらに青森県南地方のほとんどの自治体史（町村史）の委員として執筆に携わった。
八戸工業大学非常勤講師。元高校教員。御前神社神職。その他、八戸ペンクラブ会長、はちのへ川柳社会長。北方書道会会長など。八戸市在住。
主な著書として『錦座ものがたり～西村喜助夢一代記～』（伊吉書院）、東奥日報の連載をまとめた『下北半島三十三カ所観音霊場巡り』（きたおうう巡礼の会）。主な共著として『続きたおうう人物伝』（デーリー東北新聞社）など。

本書は2023年６～７月の東奥日報で連載した「深掘り　八戸小唄　レコード化90周年」を加筆・再編集したものを単行本化しました。

深掘り　八戸小唄　レコード化90周年

2023年12月25日発行
著　者　滝尻　善英
発行者　塩越　隆雄
発行所　東奥日報社
〒030-0180　青森市第二問屋町３丁目１番89号
電話　017-718-1145（文化出版部）
印刷所　東奥印刷株式会社
〒030-0113　青森市第二問屋町３丁目１番77号

日本音楽著作権協会（出）許諾第2309253-301号

ISBN978-4-88561-274-9 C0073 ￥2400E